Heiße Luft in neuen Schläuchen

Christine Demmer
Rolf Hoerner

Heiße Luft in neuen Schläuchen

Ein kritischer Führer durch die Managementkonzepte

Eichborn.

Die Deutsche Bibliothek – CIP-Einheitsaufnahme

Demmer, Christine:
Heiße Luft in neuen Schläuchen : ein kritischer Führer durch die Managementkonzepte /
Christine Demmer ; Rolf Hoerner. – Frankfurt am Main : Eichborn, 2001
ISBN 3-8218-3906-6

Umschlaggestaltung: Christina Hucke
Lektorat: Waltraud Berz, Thorsten Schulte
Druck und Bindung: WS Bookwell, Finnland
ISBN 3-8218-3906-6

Verlagsverzeichnis schickt gern:
Eichborn Verlag, Kaiserstraße 66, D-60329 Frankfurt/Main
www.eichborn.de

Inhalt

Vorwort

Was haben schlagbewehrte Hosenbeine mit Managementkonzepten zu tun? Nichts, so werden Sie vermuten und liegen damit falsch. Die Gemeinsamkeit ist sogar recht ausgeprägt. Wie beim Hosen-Design im Retro-Look der siebziger Jahre handelt es sich bei Managementkonzepten um Produkte der Mode. Was bedeutet, dass sie auftauchen, eine Weile gut verkauft werden, wieder verschwinden und dann nach ein paar Jahren oder Jahrzehnten als trendy und hip (Hose) oder effizient und die Wettbewerbsposition sichernd (Managementlehre) aufs Neue die Geldbörsen der Abnehmer öffnen.

Eine weitere Gemeinsamkeit, und da sind wir bei der Motivation der Autoren dieses Buches, ist der mitunter hohe Spaßgehalt modischer Bekleidungsvorschriften und so mancher Managementkonzepte. Offen getragene Turnschuhe und Workerjeans, deren Gesäßpartie in Höhe der Kniekehlen baumelt, wirken erheiternd auf den Betrachter. Ebenso komisch kommen viele Heilslehren daher, die gute Unternehmen besser und marode Läden wieder flott machen sollen. Die Managementkonzepte sind in ihrer Komik vielleicht noch ausgeprägter, wenn nicht nur ihr Inhalt, sondern auch die »Verkaufe« als Real-Comedy durchgeht.

Am Stück oder in Scheiben?

Im Bauchladen der Konzeptindustrie finden sich Methoden und Methödchen aller Art. Ob die dann als Theorie oder Konzept verkauft werden, muss niemanden interessieren. Vielleicht ein wenig Kaizen und Kanban aus dem Fernen Osten? Ein Löffel Synergiemanagement aus deutschen Landen? Oder lieber etwas weniger Ausgefallenes aus dem Land der unbegrenzten Möglichkeiten? Tatsächlich darf alles als exotisch gelten, was nicht aus den Vereinigten Staaten kommt. Die Amerikaner produzieren Managementkonzepte am laufenden Band und liegen, was die globale Bedeutung ihrer Beratungsindustrie angeht, klar vorn. Folgerichtig kommen auch die meisten Managementgurus von dort. Das sind Berater und/oder schlaue Köpfe aus den Universitäten, die zu besonders schlauen Theorien und anschließend schlau zu Reichtum gekommen sind. Wer es zum Guru gebracht hat, dem kann nichts mehr passieren. Auch abwegigste Ideen finden genug Gehör, um das obligatorische Buch zur Theorie und die Vortragsreihe zum Erfolg zu machen. Beispiele hierfür liefert Tom Peters (siehe Kapitel 12) mit schöner Regelmäßigkeit.

Peters und seine prominenten Kollegen muss man einfach beneiden. Umsatz und Aufwand stehen bei ihnen in einem sicherlich angenehmen Verhältnis, und außerdem macht ihnen die Arbeit bestimmt viel Vergnügen. Wenn also die in den folgenden 24 Kapiteln vorgenommenen Obduktionen mehr oder weniger gängiger Managementkonzepte die Satire durchblitzt, so ist das gewollt und zwangsläufig. Anders wäre der Effektivität nicht beizukommen, mit der die Innovation im Unternehmen kundenorientiert und ausgesprochen lean implementiert wird. So ähnlich drücken sich die Verkäufer der Konzepte in ihren teuren Farbbroschüren gerne aus. Motto: Wenn gar nichts drinsteht, passt es immer.

Wir können auch anders

Natürlich ist an so manchem Konzept etwas dran. Und natürlich sind viele Erfinder und Vetriebsbeauftragte dieser Konzepte weder Wirrköpfe noch Spaßvögel oder gar skrupellose Geschäftemacher. Nachweisbare Erfolge gibt es beispielsweise beim Reengineering (siehe Kapitel 15). Das populäre und entsprechend umsatzträchtige Managementkonzept war und ist für viele Unternehmenslenker die richtige Antwort. Nur die Formulierung der Frage bereitet flächendeckend Probleme. Als Aspirin für alle Fälle wird Reengineering von den Aktivisten immer so definiert, dass es auf die jeweilig vorgenommenen Veränderungen im Unternehmen passt. Hat es geklappt, dann war es Reengineering. Geht es aber in die Hose, dann redet ohnehin niemand darüber.

Wer sind nun die Player auf dem Markt der bunten Theorien? Die Angebotsseite wird klar von der Beraterbranche dominiert, und die ist breit gefächert. Das reicht von der international operierenden Consulting-Gruppe bis hin zum kürzlich gefeuerten Mittel-Manager, der sich scheut, seinen beruflichen Status wahrheitgemäß mit »arbeitslos« anzugeben. Die Berufsbezeichnungen sind nicht geschützt, es gibt keine klaren Qualifikationesvorschriften.

Die Branche sieht das Problem und macht sich Sorgen: Wie kann dem Kunden Vertrauen in die Qualität eines Unternehmensberaters vermittelt werden? Am besten, man gründet einen Verband oder auch zwei. Die Mitgliedschaft in diesen Zirkeln können natürlich nur die wirklich qualifizierten Beratungsunternehmen kaufen. Am Logo des Verbands auf Briefkopf und Werbe-Kugelschreiber erkennt der Kunde, wen er vor sich hat. Das Verfahren hat sich bewährt – auch bei Immobilienmaklern und Gebrauchtwagenhändlern.

Die Kundenseite ist schnell definiert: Unternehmen aller Größen und Branchen verbrauchen Managementkonzepte. Aber müssten die nicht auch wissen, dass der Kaiser oft genug keine Kleider anhat? Vielleicht wissen sie es wirklich nicht oder sie wissen es und verbrauchen trotzdem. Der Grund hierfür dürfte eine Mischung aus Herdentrieb und Panik sein. Wenn alle etwas machen, ist es entweder richtig oder es ist falsch und die Folgen sind für alle gleich. Und wer will sich schon den Vorwurf gefallen lassen, fürs satte Gehalt nicht alles Erdenkliche getan zu haben? Manager und Unternehmer sind sich einig: Nur keine Experimente – und das bedeutet: Mitspielen.

So floriert die Theorienindustrie fröhlich vor sich hin. Die Managementmagazine haben was zu schreiben, die Berater was zu beraten und die Unternehmen was zu bezahlen. Alle sind zufrieden. Die Autoren auch, weil sie ein Buch daraus machen – inzwischen in der zweiten Auflage. Neben den immer noch aktuellen Managementkonzepten und -theorien haben wir uns in dieser durchweg überarbeiteten Neuausgabe auch den neuen Produkten aus der Fabrik der Consulting-Industrie gewidmet und die hübschesten für Sie ausgewählt.

1 Vom Medizinmann zum Consultant
Die Leiden der Leitenden

Manager haben Angst, denn sie haben viel zu verlieren.

Managementberater haben keine Angst. Denn sie können nur gewinnen. Die Angst der einen beschert den anderen ein angstfreies Dasein.

Manager haben Angst zu versagen. Sie fürchten sich vor dem Verlust ihres gut bezahlten Arbeitsplatzes, vor dem Ausschluss aus ihrem beruflichen Netzwerk, vor dem Angewiesensein auf die Familie. Sie schweigen über ihre Furcht, aber Ängste bestimmen in weiten Zügen ihr Handeln.

Wenn Manager Entscheidungen treffen – was sie selten tun, ohne sich der Zustimmung anderer Manager zu vergewissern –, laufen sie stets Gefahr, einen Fehler zu machen. Manchmal dauert es nur einige Tage, aber es können auch Jahre vergehen, bis sich herausstellt, dass sie das ihnen anvertraute Unternehmen auf einen anderen Kurs hätten steuern sollen. Von der öffentlichen Häme über die »strategische Fehleinschätzung« bis zum unauffälligen Auszug aus der Vorstandsetage ist es dann nicht mehr weit. Die nächsten Etappen sind vorgezeichnet. Einer mehrmonatigen Auszeit – akzeptierte Gründe: Konzentration auf die Familie, Verfassen eines Buches oder Managementweiterbildung – folgt ein neues Engagement auf geringerem Verantwortungslevel oder, nach wiederholtem Durchlaufen dieser Schleife, der Schritt in die Freiberuflichkeit. Meist als Berater.

Aus Erfahrung ratlos

Fast alle Consultants der älteren Generation – in der gnadenlosen Kalkulation der Wirtschaft heißt das, kaum älter als 45 Jahre – haben zuvor eine Führungsposition in Industrie, Dienstleistung oder in der öffentlichen Verwaltung bekleidet. Sie kennen die Ängste der Entscheider aus eigener Erfahrung und können, ohne auch nur mit einer Silbe ihr Wissen anzudeuten, das tiefsitzende Absicherungsbedürfnis ihrer Klientel erfüllen. Erfahrene Berater liefern den Führungskräften eben mehr als Entscheidungsgrundlagen, Strategievorschläge und Konzepte: Sie vermitteln ihren Klienten das gute Gefühl, unternehmerische Entscheidungen nach bestmöglicher Kenntnis der Sachlage und mit Zustimmung ihrer Berater getroffen zu haben.

Die Geschichte der Unternehmensberatung ist so alt wie die der Unternehmer, wenngleich die Berufsbezeichnungen im Laufe der Jahrtausende wechselten. In der Antike stand, je nach Kultur, der Medizinmann oder der Hohepriester dem König zur Seite. Im Mittelalter übernahmen lokale Kleriker und der Hofnarr die Aufgabe. Die Ratgeber der Unternehmensführer waren Bankiers, Juristen, Ärzte, aber auch Verleger, kluge Mätressen und einfühlsame Geishas. Etwa seit Ende des Zweiten Weltkrieges gehört den Management Consultants das Ohr der Mächtigen.

Mit der wachsenden Komplexität der Märkte und der damit einhergehenden größeren Unsicherheit über die Zukunft erhöhte sich die Unsicherheit der Manager über die richtige Methode und das richtige Handeln. Als Konsequenz daraus wuchs das Bedürfnis nach entscheidungsstützender Beratung seitens fachkundiger Experten.

Haben Sie gedient?

In den fünfziger und sechziger Jahren übernahmen die deutschen Manager die Lehre der Mitarbeiterführung von Reinhard Höhn. Das von ihm entwickelte »Harzburger Modell« übertrug die Erfahrungen aus der Führung militärischer Einheiten schlichtweg auf die Wirtschaft. Truppen sind eben Truppen. Die Aufgabe des Chefs war es, den zu beschreitenden Weg vorzugeben. Aufgabe der Mitarbeiter war es, auf diesem Weg stur geradeaus zu marschieren.

Leider unterschlug dieses Modell die Erfahrung, dass auch Führungskräfte zuweilen irren und eine falsche Wegbeschreibung ausgeben können. Immer stärker rückten daher die nachfolgenden, aus dem Amerikanischen stammenden Leitungskonzepte (Management by Objectives, Management by Exception, Management by Delegation) die Eigenverantwortlichkeit der Mitarbeiter für die Zielerreichung in den Mittelpunkt.

In den Vereinigten Staaten hatte sich das 1911 von Frederick W. Taylor begründete »Scientific Management« nach dem zweiten Weltkrieg in unterschiedliche Managementschulen aufgespalten. Die beiden gegensätzlichen Hauptströmungen lassen sich noch heute in den modernen Führungslehren ausmachen: Auf der einen Seite standen die am menschlichen Verhalten interessierten (behavioristischen) Forscher. Sie vertraten die Ansicht, dass Unternehmensführung und Menschenführung das Gleiche sei. Dementsprechend gingen sie der Frage nach, auf welche Weise Mitarbeiter dazu bewogen werden können, gute Leistungen zu erbringen. Die zweite Gruppe pflegte einen eher mechanistischen Ansatz. Er lautete kurz und knapp: Ein Betrieb funktioniert wie eine Maschine. Wenn ein gutes Produkt herauskommen soll, muss sie gewartet werden. Und die Männer mit dem Schraubenschlüssel waren die Manager.

Reine Berechnung

Amerikanische Wirtschaftswissenschaftler liebten schon immer die klare Sprache von Charts und Matrizen, und viele lieben sie noch. Mit der fortschreitenden Spezialisierung der Ökonomen auf bestimmte Unternehmensfunktionen erreichte dieser Kreuzzug der Kästchen in den sechziger Jahren seinen Höhepunkt. Mit immer ausgefeilteren Portfolioanalysen machten Managementlehrer und Beratungsgesellschaften Furore und Kasse. Und die Führungskräfte in der alten und in der neuen Welt griffen begeistert zu, sobald nur irgendein betriebswirtschaftlicher Altgedanke in einer neuen Form daherkam.

Die meisten Manager ahnen heute, dass die traditionellen Instrumente der Mitarbeiterführung ausgedient haben. Auch die Verfallsdaten der bekannten Erfolgsrezepturen sind längst überschritten. Wer 1980 sein Betriebswirtschaftsstudium abgeschlossen hat, kann – so er es nicht schon längst getan hat – alles Gelernte vergessen. Aber womit ist die methodische Lücke zu füllen, wenn es das Management by Objectives, die Gemeinkostenwertanalysen und die strategischen Geschäftseinheiten allein nicht mehr bringen und selbst das Management by Motivation mittlerweile als komplette Irrlehre entlarvt wurde?

Kauf mich!

Glücklicherweise steht dieser Nachfrage heute ein breit gefächertes Angebot an Methoden, Konzepten und Strategien gegenüber. Tausende von Betriebswirtschaftlern und Managementspezialisten zerbrechen sich Tag für Tag den Kopf, auf welche Weise und mit welchen Mitteln an den Erfolg vergangener Jahre angeknüpft und die Unternehmen sicher in die Zukunft gesteuert werden können. In immer rascherer Abfolge prasseln neue Managementmodelle und Führungslehren auf die Leitenden ein. Kräftig unterstützt von den Medien, schwappt eine neue Theorie heute innerhalb weniger Monate von Nordamerika nach Europa und beherrscht die Schlagzeilen. Das bunte Sortiment reicht von durchaus ernst zu nehmenden Vorschlägen bis zum offensichtlichen Schwachsinn. Und die Manager, meist leseabstinent und chronisch zeitknapp, müssen entscheiden, wessen Stimme sie folgen wollen, sich also immer wieder neu der Ungewissheit aussetzen, ob der eingeschlagene Weg tatsächlich zum Heile führt.

Von den weisen Beratern gibt es da keine Garantie. Natürlich überschauen sie das breite Angebot an Strategien, und manche glauben auch wirklich an deren Sinn. Ist der Kunde gar zu skeptisch, dann hilft ein markiges »Wir arbeiten daran« meistens weiter.

In Deutschland ist der Wirtschaftszweig Unternehmensberatung seit langer Zeit eine Wachstumsbranche. Und immer mehr Consultingunternehmen schließen sich zu weltweiten Assoziationen zusammen. Sie folgen ihren Kunden. Klar: Wenn der Futternapf auf Weltreise geht, macht es keinen Sinn, zu Hause zu bleiben.

All business is global

Auch in den Vereinigten Staaten boomt die Beratungsindustrie, doch das hat seine ganz besonderen Gründe. Anders als in Deutschland dürfen an einem College oder an einer Universität angestellte Hochschullehrer ohne weiteres nebenberuflich ein Geschäft aufbauen und führen. Was liegt da für einen bereits arrivierten Harvard-Professor näher, als eine Unternehmensberatung zu eröffnen?

Jenseits des Atlantiks gibt es zwei Gruppen von akademischen Managementgurus. Einig sind sie sich zwar in ihrem Wunsch, eine Menge Geld zu verdienen, doch sie unterscheiden sich deutlich im Grad der Eignung. Die Geschäftstüchtigeren unterhalten neben ihrem Lehrstuhl eine eigene Beratungsfirma. Das ist gelebtes Synergiemanagement, denn mit ihren Zwangspublikationen rühren sie gleichzeitig jedes Mal kräftig die Werbetrommel für sich. Und für Recherchen und langweilige Prozessanalysen in Kundenunternehmen können sie auf ihren wissenschaftlichen Nachwuchs zurückgreifen. Der kostet nicht viel und ist begeistert bei der Sache.

Akademische Nörgler

Dieses Verfahren lehnen die in der Selbstbereicherung minderbegabten Professoren natürlich schärfstens ab. Insgeheim schielen sie aber gleichfalls voller Begehrlichkeit auf die Machtfülle und die Gehälter der Spitzenmanager in der Wirtschaft (ihre früheren Studienkollegen!). Aus Rache beziehen sie zu allem und jedem im Geschäftsalltag Stellung und wissen immer alles viel besser als die Praktiker. Das nervt die Führungskräfte ganz erheblich. Da sich aber alle Manager im tiefsten Inneren den selbst ernannten Oberlehrern von Harvard & Co. unterlegen fühlen, kritisieren sie die Elfenbeintürmler allenfalls hinter vorgehaltener Hand. Womöglich braucht man just diese Ratgeber selbst einmal, und sei es als Sponsoren.

Auch unter den japanischen Wirtschaftsprofessoren gibt es solche, die für satte Tageshonorare privat beraten, und solche, die unaufgefordert und kärglich entlohnt ihre Ansichten coram publico über die Fachblätter verbreiten. Mit der Produktion neuer, spektakulärer Managementmodelle tun sich die Japaner freilich schwer. Fernost-Gurus bevorzugen den traditionalistischen Ansatz. Sie sagen selten, was die Führungscrew von Honda und Mitsubishi verbessern muss. In der Regel studieren sie einfach den Geschäftsalltag ihrer Wirtschaftsführer, geben dem Tun einen prägnanten Namen und schreiben dazu eine passende Beschreibung.

Da uns das hier in Westeuropa nicht weiterbringt, konzentrieren wir uns im Wesentlichen auf die schillernden Kreationen amerikanischer Gurus. Die sind übrigens auch weitaus lustiger.

2 Attacke!

Label und Herkunft:

Management by Leadership, Management by Motivation; Harvard Business School, NSEAD, IMD und andere Business Schools

Mit Ende des Zweiten Weltkrieges hatte sich die amerikanische Industrie an die Rolle als Star in einem Ensemble schwacher Spieler gewöhnt. Der Glaube an den Alleinbesitz ganzer Industriezweige war entsprechend fest verankert. Doch zu Beginn der achtziger Jahre rieben sich die Akteure verwundert die Augen: Da wagten es doch Unternehmer aus unbedeutenden Industrieländern immer häufiger und irritierend erfolgreich, mit amerikanischen Schlüsselindustrien zu konkurrieren. Nur eine vorübergehende Krise? Oder war etwa der Wettbewerb ernsthaft ausgebrochen, das Monopol unwiederbringlich dahin?

Den Eindringlingen fehlte nicht nur jeder Respekt, sie hatten auch einen großen Vorteil: In Korea, Taiwan, Mexiko, Malaysia und anderen neuen Industrieländern aus der zweiten Reihe wurde für einen Bruchteil des Lohnes gearbeitet, der in den Vereinigten Staaten bezahlt werden musste. Daher war ein Ende der Invasion zwar erwünscht, aber keineswegs abzusehen. Im Gegenteil: Selbst in Indien und China wurden immer mehr Waren für den amerikanischen Markt zu Kosten produziert, von denen die Unternehmer im Land der unbegrenzten Möglichkeiten nur träumen konnten.

Natürlich, ein gewisses Lohngefälle hatte immer schon bestanden. Mit dem Anstieg des Lebensstandards in den klassischen Industrieländern verschärften sich nun aber die Lohnunterschiede dramatisch. Und während in den USA und Co. die Bevölkerung nur langsam wuchs und zunehmend überalterte, wuchs sie in den Ländern der Dritten Welt dynamisch bei entsprechend sinkendem Durchschnittsalter.

Doch das Problem der Lohnkosten war nicht der einzige Störfaktor im amerikanischen Wirtschaftsfrieden. Aggressive japanische Managementmethoden verursachten so manchen Schock zum Börsenschluss – und der Feind saß nicht einmal mehr nur im Ausland. Durch »unfriendly takeovers« heimischer Konkurrenten verschwanden reihenweise US-Traditionsunternehmen von der Bildfläche. Die Stärke des Dollars schuf zusätzliche Probleme im Export. Das Land schlitterte in eine Rezession.

Es musste etwas geschehen. Frei nach der Erkenntnis: Wenn der Wind des Wettbewerbs kräftiger bläst, kann man entweder mehr Segel setzen oder die Segel ganz streichen. Wer Markteindringlinge vertreiben will, hat die Wahl zwischen dem

- hemdsärmlig-operativen Ansatz: Verbesserung der Prozesssteuerung, Reduzierung der Kosten, Rationalisierung und andere praktische Tätigkeiten oder dem
- psycho-strategischen Ansatz: Steigerung der Leistungsbereitschaft und Wertschöpfung der Mitarbeiter durch kluges Management.

Ich hätte da mal ein Problem

Bis in die siebziger Jahre hinein hatten sich amerikanische und europäische Unternehmen vorwiegend auf eine einfache Logik verlassen: Wenn der Fall X eintrat, war mit Maßnahme Y zu kontern. Doch angesichts der krisenhaft zugespitzten Lage stand zu befürchten, dass der Karren damit allein nicht wieder aus dem Dreck gezogen werden konnte. Folglich begann auch die amerikanische Wirtschaftswissenschaft, erneut über die Einflussnahmemöglichkeiten des Managements zu reflektieren.

Nicht zum ersten Mal, natürlich. Schon Frederick W. Taylor wollte mit seinem Scientific Management zu Beginn des Jahrhunderts die Möglichkeiten ausloten, die Arbeitsfreude von Mitarbeitern zu steigern. Taylor war zu dem Ergebnis gekommen, dass Menschen käuflich sind: Finanzielle Anreize verbessern die Arbeitsmoral. Dem Manager oblag es allein, den zu erfüllenden Job genau zu planen und das Maß der Planerfüllung entsprechend zu honorieren.

In den fünfziger Jahren begann sich auch die Psychologie dafür zu interessieren, was den Menschen zur Leistung antreibt. B.F. Skinner untersuchte, inwieweit Menschen auf »positive Verstärkung« ihres Verhaltens reagieren. Der von ihm initiierte Behaviorismus gründet auf der Annahme, dass jeder Mensch genau das Verhalten, für das er gelobt und belohnt wird, künftig häufiger an den Tag legen wird. Die Androhung »negativer Verstärkung«, also Bestrafung, hindere hingegen niemanden daran, das Falsche zu tun. Strafen brächten ihn nur dazu, den Produktionsausschuss heimlich wegzuwerfen.

Skinners Theorie ließ sich allerdings nicht problemlos auf die Wirtschaft übertragen. Die Erfahrung lehrte, dass mit Anreizen allein nicht zwangsläufig eine höhere Produktivität zu erreichen war. Selbst hoch zufriedene Mitarbeiter leisteten keineswegs immer das Menschenmögliche. Da musste es noch irgendwelche anderen Faktoren geben.

Schon tief schürfender war der partizipatorische Ansatz von Douglas M. McGregor aus dem Jahr 1957. Mit seinem »Theory Y Management« verkündete McGregor folgende Botschaft: Menschen suchen Selbstbestimmung und Eigenverantwortung in ihrem Handeln. Die Arbeitgeber sollten daher verantwortungsvolle Jobs und freizügige Arbeitsbedingungen schaffen. Und sie sollten ihre Mitarbeiter dazu ermuntern, sich selbst zu motivieren.

Die Kombination von Betriebswissenschaft und Psychologie erweist sich bis in die Gegenwart hinein als höchst marktgängig. Unter dem Label »Motivationsforschung« studierten viele amerikanische Wirtschaftswissenschaftler im Verbund mit Seelenkundlern, wie Managementprozesse mit Hilfe psychologischer Erkenntnisse verbessert werden können. Der Weg war richtig, musste aber noch anständig gepflastert werden. Denn in den schwierigen achtziger Jahren wurde dringend eine Therapie gebraucht, mit der die neuen Herausforderungen bewältigt werden konnten.

Die Leader-Macher

Und die Therapie wurde gefunden. Aber nicht in den Vereinigten Staaten, sondern in der Schweiz.

Im Unterschied zu den bisherigen Heilmethoden zäumten die Wissenschaftler an der renommierten Business School IMI in Lausanne (heute IMD) das Pferd nicht, wie gewohnt, vom Mitarbeiter her auf, sondern vom Manager. Ihnen ging es nicht um die richtige Zuckerbrotsorte, sondern um die wirksamste Peitsche, mithin um die Frage: Wie muss ein Manager sein, für den alle Mitarbeiter Höchstleistungen erbringen? Die Antwort war so nahe liegend wie banal: Er muss echte Führungsqualitäten haben. Er muss ein Leader sein. Ein guter selbstverständlich, kein Diktator. Auch kein Napoleon, denn der war ja letztlich auch gescheitert. Manager machen Sachen richtig – Leader machen die richtigen Sachen (frei nach John Kotter).

Aufgeregt kramten die IMI-Professoren ihre angestaubte Schullektüre hervor und lasen die klassischen Kriegsreportagen von Gaius Julius Caesar (»De bello Gallico«), Flavius Josephus (»Geschichte des Jüdischen Krieges«) und Carl von Clausewitz (»Vom Kriege«) nun mit gänzlich anderen Augen. Wie war er eigentlich, der siegreiche Heerführer? Und was kann man(ager) heute daraus lernen? Schließlich sind Märkte nichts anderes als Schlachtfelder, auf denen sich das Schicksal von Unternehmen entscheidet.

Der Anführer im Kampfgetümmel, so die Denke, entwickelt eine Strategie und sorgt durch angemessene Befehle an das Fußvolk dafür, dass sie in die Tat umgesetzt wird. Er sagt klar, wo's lang geht, ist hart, aber gerecht und feuert seine Mannschaft in regelmäßigen Abständen mit markigen Worten bei der gezielten Vernichtung des Feindes an. Und das Schönste: Seine Truppe gewinnt immer.

Das Bild war brauchbar, entschieden die Wissenschaftler. Und schon war das Management by Leadership geboren.

Mit ihrer Analogie bewegten sich die Erfinder allerdings auf einem schmalen Brett.

Autorität ist gut, Diktatur ist böse

Die Geschichte lehrt, dass es nicht nur weiße Ritter unter den siegvollen Kampfherren gibt, sondern auch üble Gestalten, Tyrannen, Despoten und Diktatoren. Und Manager verstehen sich zwar gern als hart, ehrgeizig und per definitionem erfolgreich, weisen gleichzeitig aber alle Vergleiche mit Diktatoren empört von sich. Autorität ist gut, Diktatur böse. Das nun propagierte Managervorbild, der Leader, durfte also keinesfalls auch nur annähernd in die Nähe des Bösen geraten. »Gute« Autorität hatten die alten Gründerpersönlichkeiten an den Tag gelegt, die Helden der jeweiligen Aufbauphasen. Sie waren einfach davon ausgegangen, dass das von ihnen gesteckte Ziel erreicht werden musste, ohne Rücksicht auf Verluste oder irgendwelchen Sozialklimbim.

Sie befehligten einen gehorsamen Stab von Führungskräften in ihrer zentralistisch ausgerichteten Organisation, der für die Umsetzung der Tagesbefehle sorgte. Mit Hilfe eines erfolgsorientierten Beurteilungssystems setzten sie normgerechtes Verhalten durch. Wer nicht spurte, wurde gefeuert. Wer ins Konzept passte, wurde befördert. So einfach war das.

Derartig martialisch konnte man in den achtziger Jahren nicht mehr daherkommen. Es musste schon etwas sensibler sein. Die Mitarbeiter waren längst nicht mehr so naiv wie früher, viele bestanden sogar auf individuellen Entfaltungsmöglichkeiten und akzeptierten Autorität mit diktatorischen Anflügen nicht mehr kritiklos. Die Macht als solche hatte ein schlechtes Image.

Neue Leader braucht das Land

Also gingen Wissenschaftler und die Beratertruppe auf die Pirsch nach dem zeitgemäßen Leadertyp und einem praktikablen Managementkonzept. Nicht nur amerikanische Wissenschaftler und US-Consultants suchten fleißig, sondern auch ihre Kollegen in Deutschland und anderen europäischen Ländern.

In Deutschland hatte man dummerweise ein kleines Spezialproblem. »Leader« heißt nun einmal »Führer«. »Führer« ging aber nicht, aus historischen Gründen, und deutsche Manager waren auch partout nicht bereit, unter dem Titel »Führer« anzutreten. »Leiter« ging aber auch nicht, denn so hießen die Topmanager drüben im real existierenden Sozialismus. Die verbale Verlegenheitslösung »Führungspersönlichkeit« wirkte schwerfällig und angegraut. Je nach anvisierter Branche entschied sich die Beraterzunft daher entweder doch für den ehrwürdigen Titel »Führungspersönlichkeit« oder für die schlichte Übernahme des englischen Originals. Leader, das klingt nun mal forsch, dynamisch und erfolgversprechend, und genau das will jeder Manager auf der Welt sein. Mit dem Leader taten sich denn auch nur germanische Sprachpuristen schwer.

Kein Kommando ohne Einsicht

Der deutsche Leader der achtziger Jahre, darauf konnte man sich verständigen, durfte seine Macht zwar ausüben, aber bitte dezent, nicht ganz so hart, und vor allem gerecht. Harsche Kommandanten waren nicht in Mode. Das Instrumentarium musste zeitgemäß sein und dennoch effizient. Zeitgemäß und topaktuell war in diesen Jahren der Terminus »Motivation«. Motivation war das Kultwort schlechthin. Jeder, der irgendetwas irgendwie anders machen sollte, musste erst einmal motiviert werden. Vom Schüler in der Grundschule bis zum Soldaten in der Grundausbildung, in der Pudelzucht und bei der Kegelmeisterschaft – ohne Motivation lief einfach nichts mehr.

Die logische Konsequenz war das Label »Management by Motivation«. Der Anglizismus nahm der Sache nämlich den verdächtigen Psycho-Touch. Und Motivation ließ sich im Übrigen viel besser verkaufen als jedes Kontrollsystem.

... und was steckt dahinter?

Leadership in den achtziger Jahren bedeutete Führung, aber nicht stur geradeaus. Der Leader motivierte erst einmal. Genauer: Er tat so, als ob. Er hielt feurige Ansprachen an sein Volk, pardon: die Belegschaft; er führte das innerbetriebliche Duzen (»Mahlzeit, du«) als äußeres Zeichen der inneren Verbundenheit ein; er verteilte flurauf, flurab verbale Streicheleinheiten und versicherte jedem Mitarbeiter, dessen er habhaft werden konnte, immer wieder, dass er (der Boss) von ihm (dem Mitarbeiter) nur das Allerbeste erwarte. Falls Buchhalter Koslowski darauf verblüfft nach dem Grund fragen sollte, sprach der Leader den ultimativen Motivationszauberspruch aus: »Koslowski – ohne Sie geht's einfach nicht.«

Das war ein geschickter Schachzug der Top-Manager gegen ihre subalternen Hilfsleader. Denn wenn nun der Absatz aus irgendwelchen Gründen stockte, konnte man die Schuldigen blitzschnell festnageln: Irgendjemand hatte wohl den Koslowski nicht hinreichend gestreichelt.

Noch schlauer verhielten sich die Schutzengel der Manager, die Berater. Selbstverständlich bot sich die Zunft prompt als ausgewiesene Motivationstrainer an, und selbstverständlich waren sie in der Lage und willens, ihr delikates Know-how in mehrtägigen Motivierungs-Crashkursen feilzubieten. Denn: Wer motivieren will, muss ja erst einmal lernen, wie man das macht. Das Talent dazu ist nicht angeboren. Nur Psychotrainer und Unternehmensberater verfügen von Haus aus darüber. Den Beweis dafür traten sie indirekt an: Sie motivierten eine zahlungswillige Klientel dazu, das Motivieren zu lernen.

Seitdem sind deutsche Unternehmen, was die Aus- und Weiterbildung ihrer Mitarbeiter angeht, auffallend spendabel. Besonderen Wert legen sie auf die Schulung und fachkundige Beratung ihrer Führungskräfte. Da wird geklotzt und nicht gekleckert. Das lässt sich an den Beträgen ablesen, die die Beraterbranche weltweit jährlich umsetzt. Genaue Zahlen gibt es aus verständlichen Gründen nicht. Insider schätzen den Posten auf 50 bis 70 Milliarden Dollar.

War das schon alles?

Wer seine Leute gut motiviert, schafft die Grundlage für beste Qualität (siehe Kapitel 14: *Total Quality Management*). Das ist auf den ersten Blick einleuchtend. Nun ist Mitarbeitermotivation ein Thema, über das sich in einem runden Dutzend akademischer Fachbereiche promovieren lässt. Ob der zusätzliche Geldschein Wunder wirkt, die kollektive Gymnastik am Morgen oder der besonders edle Schreibtisch, ist allein eine Frage persönlicher Vorlieben. Wenn die ausgeprägte Motivation aller Mitarbeiter plötzlich die Voraussetzung für ein erfolgreiches Unternehmen ist, dann stellen sich Unternehmer selbst ein Armutszeugnis aus. Und sie bringen sich in Gefahr, in Zeiten, in denen der Wind aus einer anderen Richtung weht, ihre unternehmerische Aufgabe mal wieder neu definieren zu müssen.

Der Unternehmensberater Reinhard K. Sprenger stellte 1991 eine ganz neue These zur Motivation auf. Er behauptet nämlich, dass kein Mensch einen anderen Menschen motivieren könne – man könne allenfalls die demotivierenden Barrieren im Unternehmen (gemeint ist damit alles und jeder, das und der die Lust an der Leistungserbringung hemmt) abbauen. Einige seiner Thesen im Schnelldurchlauf, zitiert aus Sprengers Buch »Mythos Motivation«:

- Alles Motivieren ist Demotivieren.
- Alle Motivierung zerstört die Motivation.

- Die Bonus-Praxis in den Unternehmen ist die Krankheit, für deren Heilung sie sich hält.
- Motivierung ist wie Doping im Sport: Man spürt den Schmerz nicht mehr.
- Leistungsbereitschaft kann man nur behindern.
- Führen ist vor allem das Vermeiden von Demotivation.

Es wird ernst

Die Richtigkeit der Sprengerschen Thesen wird heute nicht mehr bezweifelt, und der Mann fakturiert seinen Beratertag mit fünfstelligen Beträgen. Die grassierende Angst um den Job zum Beispiel wirkt nur sehr bedingt motivierend. Sie verstärkt eher die Tendenz, um keinen Preis aufzufallen. Immer schön pünktlich sein, nicht öfter die Grippe nehmen als statistisch vorgesehen, nach der Schicht die Werkbank ordentlich aufräumen – das ist vom Management by Motivation übrig geblieben.

Warum sollte ein Mitarbeiter auch besonders motiviert zu Werke gehen, wenn ihm die Unternehmenslenker dauernd zeigen, dass das im Ernstfall nichts bringt? Bis zuletzt fröhlich pfeifend Schiffe basteln bei der Bremer Vulkan? Gut gelaunt Sand schippen bei Holzmann? Grinsend die wertlosen Aktienoptionen des Start-up-Arbeitgebers verbrennen? Wer des Lesens mächtig ist oder einen Fernseher besitzt, wird Motivationsveranstaltungen spätestens dann als blanken Zynismus enttarnen, wenn im Betrieb Rationalisierungsmaßnahmen ergriffen und Mitarbeiter entlassen werden.

Aber das steht auf einem anderen Blatt. Bei Bedarf schlagen Sie Kapitel 15 auf.

3 Jetzt erfinden wir was

Label und Herkunft:

Innovationsmanagement; Peter Drucker, Wolfgang Staudt
Entwicklungsmanagement; Arthur D. Little
New Venture Management; Booz, Allen & Hamilton

Von Innovationen hörten deutsche Unternehmer zum ersten Mal im Herbst 1986. Natürlich nicht alle deutschen Unternehmer, sondern nur die kleine, verschworene Abonnentenschar des *Blick durch die Wirtschaft*. Im nämlichen Herbst 1986 startete der *Blick* eine Serie des Bochumer Betriebswirtschaftprofessors Wolfgang Staudt, die den Lesern in 24 Folgen beibrachte,

- was sie unter Innovationen zu verstehen hatten,
- warum jene nützlich sein können und
- wie sie im Unternehmen hergestellt werden könnten.

Eigentlich hatte der deutsche Ökonom die Idee im Fundus des amerikanischen Managementgurus Peter Drucker gefunden oder sie zumindest finden müssen. Der war schon Jahre zuvor darauf gekommen. Aber egal, auch bei uns waren jetzt Innovationen gefragt. Warum überhaupt?

Die Wirtschaft braucht immer wieder neue Produkte (die man verkaufen kann) und neue Produktionsverfahren (mit denen man kostengünstiger produzieren und deshalb profitabler verkaufen kann). Nur die ununterbrochene Aufeinanderfolge von Innovationen befördert den Wettbewerb, und der ist – wie man seit Adam Smith weiß – immer gut. Denn Wettbewerb beschert den Nationen Wohlstand und damit uns allen dann und wann eine warme Mahlzeit.

Es lebe die Innovation

Demnach macht es Sinn, die Innovationskraft im Unternehmen zu stärken. Zielgerichtet fördern wir sie, am besten mit einem besonderen Augenmerk auf profitable und zukunftsträchtige Entwicklungen. Das geschieht frei nach dem Motto: Damit wir auch morgen noch kraftvoll verdienen können. Dazu müssen kreative Prozesse initiiert und gelenkt werden.

Effizient, effektiv und natürlich innovativ, die drei Adjektive beherrschen wie bereits erwähnt das Vokabular des Managements und der Consultants. In substantivierter Form sorgen die Begriffe für sprachliche Abwechslung, außerdem lässt sich dann leicht noch das unvermeidliche »-management« anfügen. Ein gescheites Innovationsmanagement sorgt für höhere Effektivität in den betrieblichen Abläufen, was letztlich effizient ist. Fortgeschrittene in Sachen Managementdeutsch tauschen die Begriffe innerhalb einiger Sätze einfach mal aus, denn schließlich führt nur ein effektives Effizienzmanagement zur wahren Innovation. Klar?

Früher, etwa bis in die erste Hälfte des 20. Jahrhunderts hinein, waren die Deutschen innovativ, ohne den Begriff auch nur gehört zu haben. Die Basis des Wirtschaftswunders und der expansiven Entwicklung der deutschen Volkswirtschaft bis zur ersten Ölkrise der siebziger Jahre waren traditionell gute Produkte, die selbstverständlich Detailverbesserungen (= partielle Produktinnovationen) erfuhren. Die schon von den Nazis propagierte Motorisierung der Massen nahm ihren Lauf, den Uralt-Industrien rund um Kohle und Stahl ging es ein letztes Mal gut, und das größte Problem des Durchschnittsdeutschen wurde sein Körpergewicht.

Der Wohlstand der Verwalter

Aus der komatösen deutschen Wirtschaft der ersten Nachkriegsjahre war recht schnell ein quicklebendiger Rekonvaleszent geworden, der seinen alliierten Pflegern bald sagte, wo Bartel den Most holt. Der neue Wohlstand musste verwaltet werden, nicht etwa verteidigt. Der Deutsche als solcher verwaltet ausgesprochen gern, nur fallen Verwalter ziemlich selten als kreative Querdenker auf. Dementsprechend galt Querdenkerei weniger als Vorsorgemaßnahme für eine wirtschaftlich ungewisse Zukunft, sondern eher als Nestbeschmutzung. »Was wollt ihr denn, es geht uns doch gut«, bekamen die wenigen Mahner mit Wirtschaftsverstand zu hören. Politisch motivierten Nörglern wurde mit einem markigen »Geht doch rüber« der baldige Umzug in die DDR nahe gelegt.

Zur Olympiade 1968 besaß die Mehrheit der Haushalte einen Fernseher, und das Übergewicht der Deutschen stieg weiter. Alles lief also bestens. An Stereoanlagen aus Japan, Schiffe aus Korea und Turnschuhe aus Vietnam dachte kein Mensch, und Innovation war immer noch kein Thema. Was es schon gab, war das Vorschlagswesen in der Industrie. Wenn dem Arbeiter am Band auffiel, dass statt der drei Schraubverbindungen am Werkstück zwei ausreichen würden, bekam er dafür einen Geschenkkorb. Bedeutsamere Verbesserungsvorschläge führten schon einmal zu größeren Bargeldgeschenken. Doch weder der Videorekorder, der Mikrochip noch die Gen-Tomate wurden auf diesem Weg erfunden.

Für die grundsätzliche Betrachtung deutscher Innovationsschwäche ist das betriebliche Vorschlagswesen also uninteressant. Es findet hier auch nur deshalb Erwähnung, weil seine Existenz ab und an als Indikator für Innovationsfreude missdeutet wird.

Sag mir, wo die Perlen sind

Fazit: Wenn es der Wirtschaft gut geht, gibt es zu wenig Innovation, weil sie nicht notwendig zu sein scheint. Geht es ihr schlecht, will niemand für kreatives Denken mit zwangsläufig unbekanntem Ausgang bezahlen. Und unabhängig von diesen Umständen ist der Deutsche im statistischen Mittel weniger innovations- als verwaltungsfreudig. Da lacht sich der Japaner doch ins kleine Fäustchen.

Aber wir hatten doch …

… Nixdorf, Grundig, VW und Daimler! Richtig, alles Perlen der deutschen Industrie beziehungsweise das, was von ihnen noch übrig ist. Volkswagen ist nach wie vor vollständig. Da werden Autos gebaut, die der Tester für gut befindet und weltweit gern gekauft werden. Das ist erfreulich für Aktionäre und Mitarbeiter, keine Frage. Aber wir reden über Innovation, und des Deutschen liebstes Kind gibt diesbezüglich generell wenig her, ob bei VW oder anderswo. Die dritte Bremsleuchte? Der zwölfte Airbag unter dem Reserverad? Der Einarmwischer mit variablem Hub und bewährt schlechter Funktion? Das sind nette Gimmicks, aber noch längst keine Innovationen.

Innovatives Denken wäre gefragt, um endlich ein echtes Drei-Liter-Auto zu einem vernünftigen Preis auf die Räder zu stellen. Da winden sich die Akteure zwischen Wolfsburg und Untertürkheim und packen lieber noch ein paar zusätzliche Kontrollleuchten obendrauf.

Die Automobilindustrie verdient ihr Geld, bei Licht betrachtet, mit einer ausgereizten Technologie. Schlechte Autos kommen nicht mal mehr aus England, von dort kommen bald überhaupt keine mehr ... Auch der national einkaufende Autofetischist hat mittlerweile erkannt, dass ihn ein Mazdamitsuyota ebenso von A nach B bringt.

Computer(bauer) sind doof

Beim ehemaligen Hightechunternehmen Nixdorf sah die Sache anders aus. Pionier Nixdorf wurde zu Zeiten richtig groß, in denen Computer eher verteilt denn verkauft wurden. Der Markt boomte vor sich hin und war damals wie heute ausgesprochen schnelllebig. Das Ende von Nixdorf drohte, als sich in der Branche technologische Trends abzeichneten, die das Unternehmen nicht oder zu spät nachvollzog. Der Personal Computer, zu Beginn der achtziger Jahre eine Innovation erster Güte, wurde noch Jahre später von Heinz Nixdorf als »Spielzeug« tituliert. Eine der schillernden Figuren im weltweiten Computergeschäft erlitt Schiffbruch, weil er seine Märkte falsch einschätzte und auf vorhandene Technologien setzte, statt neue Entwicklungen zu fördern.

Dass die Münchner Siemens AG das einstige Aushängeschild deutschen Computerbaues am Konkurs hinderte, darf getrost als politische Entscheidung betrachtet werden. Im Lauf der Jahre kostete die Lebenserhaltung des Mergers Siemens-Nixdorf einige Milliarden, zu bereinigen um Steuerersparnisse der Bank mit angegliederter Elektroabteilung. Ohne die Devise »buy German« bei öffentlichen Auftraggebern, Post und Bahn hätte Siemens seinen teuren Pflegefall schon bald ins Heim gegeben. Sinngemäßes ist mittlerweile geschehen. Siemens gründete im Herbst 1999 zusammen mit dem japanischen Riesen Fujitsu das gemeinsame Unternehmen Fujitsu Siemens Computers, das die kranke Tochter der Münchener unter die global ausgebreiteten Fittiche nahm. Der Name Nixdorf ist damit endgültig ins Deutsche Museum abgeschoben.

Das Ende des Patriarchen

Noch schlimmer wird's bei Grundig. Das Familienunternehmen war einmal anerkannte Topadresse für alles, was den Deutschen elektronisch unterhielt. Kofferradios, Hi-Fi-Anlagen und natürlich Fernseher kamen aus dem Fürther Werk des Patriarchen Max Grundig. Am generell guten Ruf von Produkten »made in Germany« hatten die Bayern einen soliden Anteil. Heute wäre ein solches Label bestimmt nicht mehr verkaufsfördernd, was nicht viel ausmacht, weil es in Deutschland hergestellte Unterhaltungselektronik ohnehin kaum noch gibt. Garanten für neuzeitliche Technik, innovatives Design, gute bis hervorragende Qualität und korrekte Preise sind in dieser Branche Namen wie Panasonic, Sony oder Onkyo, allesamt aus Japan. Der Ruf von Grundig hatte zwischenzeitlich so massiv gelitten, dass der Name fast schon zum Synonym von Verschnarchtheit mutierte. Inzwischen werden wieder reichlich Fernsehgeräte verkauft, aber Grundig gehört weder Grundig, denn der ist tot, noch seinen Erben.

Ja gut, das sind nur Beispiele. Es sind freilich Beispiele, die aufzeigen, dass sich Innovation weder verordnen noch nennenswert managen lässt. Denn es sind immer einzelne Menschen, die auf einen kreativen Gedanken kommen und ihn – allen Widerständen im Unternehmen zum Trotz – durchsetzen, oder eben nicht. Menschen machen Innovationen, wenn man ihnen geistige Freiräume und Mut zu scheinbar verrückten Ideen gibt. »Managen« kann man die Innovationslust überhaupt nicht. Viele Unternehmen investieren Riesensummen in Führungstechniken und Motivationsseminare, um die Innovationslust ihrer Mitarbeiter anzukurbeln. Doch das geht nicht, behauptet der Motivationsforscher Reinhard Sprenger. Einer seiner Hauptsätze lautet nämlich: »Alles Motivieren ist Demotivieren.« Anstatt die Begeisterung der Belegschaft mit Hilfsmitteln zu stärken, solle man schlicht die motivationsfeindlichen Barrieren im Unternehmen abbauen. Und das heißt: schlechte Führungskräfte feuern, ein leistungsfeindliches Betriebsklima verbessern, den

Mitarbeitern die frustrierenden Arbeiten erlassen und für die Kantine einen brauchbaren Koch anheuern. Mehr ist nicht drin.

... und was steckt dahinter?

Wenig, ziemlich wenig. Angewendet auf einen mittelständischen Hebebühnen-Hersteller aus dem Schwäbischen ließe sich die Worthülse Innovationsmanagement vielleicht auf den tollen Tipp reduzieren, ab und an die Farbe der Gerätschaften zu ändern, was effektiv zu Umsätzen führen könnte. Kurzum, die effiziente und/oder effektive Innovation bildet einen der rein sprachlichen Höhepunkte nichts sagenden Management-Geblubbers.

Nun stehen die verbalen Flachmänner Effizienz und Effektivität gottlob auf der schwarzen Liste eines jeden ernst zu nehmenden Sprachschaffenden, denn was immer passt, passt eigentlich nie. Die Innovation ist noch von keinem Bann betroffen, leider. Es klingt halt so positiv. Innovationen könnten die Regenwälder retten, Russland zum Wohlstand führen und Angela Merkel die Kanzlerinnenschaft bescheren. Wie jeder weiß, ist keines dieser Ereignisse in Sicht. Vielleicht liegt das daran, dass die wunderbare Erneuerung im Zusammenhang mit Hebebühnen verschlissen wird und deshalb keine Zeit für die wichtigen Dinge im Leben findet.

Sein oder nicht sein

Innovativ sein bedeutet kreativ sein, und diese Fähigkeit gibt es in keinem Basar der Welt zu kaufen. Auch die Aktennotiz mit der Anweisung »Heute besonders kreativ sein!« bringt nichts. Den gleichen Effekt, allerdings zu deutlich höheren Kosten und humoristisch wertvoller, haben Seminare, zu denen viele Unternehmen ihre Leute nötigen. Da sitzen erwachsene Menschen irgendwo in einem Hotel, bevorzugt in der landschaftlich reizvollen Einöde, und benehmen sich eigenartig.

Vielleicht stellen sie sich im Kreis auf, fassen sich bei den Händen und rufen im Chor »Es beginnt ein kreativer Tag!«. Vielleicht ergehen sie sich auch in albernen Ballspielen oder ruinieren ihr Outfit durch unkoordiniertes Gefummel mit Knetmasse. Da fehlt nur das kollektive Einüben der Hechelatmung zwecks Unterstützung schöpferischer Presswehen. Den Teilnehmern ist's mehrheitlich gleich, schmecken doch die Schnäpse am Abend in der Hotelbar ganz unabhängig vom Seminarinhalt.

Kreativität kann man nicht kaufen und nur bedingt lernen. Bedingt deshalb, weil der eine oder andere gute Geist lernen kann, sich über Hemmnisse hinwegzusetzen. Kreativ muss der Geist aber vorher schon sein, nur hätte dann sein Unternehmen auch etwas davon.

Kosten versus Innovation

Warum also mangelt es an Kreativität in deutschen Unternehmen? Es gibt dafür systembedingte Gründe. Wir leben in Zeiten, die allen anders lautenden Reden zum Trotz vielen Menschen nahe legen, sich unauffällig zu verhalten. Wer in seinem Job immer mittelgut ist, mittellaut und mittelschnell, der wird nie Held der Arbeit, fliegt aber auch niemals in der ersten Entlassungswelle raus. In einem Konzern mit einigen zehntausend Mitarbeitern funktioniert das von der Lehre bis zur Rente und vom Pförtner bis zum Leiter des Beschaffungswesens.

Da Mittelmaß relativ ist, versucht der Mittelmäßige seine Position zu festigen, indem er andere ansteckt. Je mehr Mittelmäßige herumlaufen, desto weniger Beachtung wird der einzelnen Niete geschenkt. Wo sich also unauffällig der Fortschritt behindern lässt, wird er behindert, denn Veränderungen schmecken dem Mittelmaß grundsätzlich nicht. Es könnte ja sein, dass sich die Mitte dadurch irgendwohin verschiebt und neu gefunden werden muss.

Dieses Denken ist systemimmanent. Der real existierende Kapitalismus erlaubt dem Einzelnen nur in Zeiten ungezügelten Wachstums kreatives Schaffen, jedenfalls theoretisch. Heute klagen die Unternehmen über ihre grauenvolle Kostensituation und dass für zukunftsorientierte Innovationstätigkeit einfach kein Geld übrig sei. In den Vorstandsetagen hat deshalb der gnadenlose Kostensenker Konjunktur, der Eliminierer liquiditätsbelastender, unproduktiver Nischen im Unternehmen. Ein Ende dieses seit Jahren anhaltenden Trends ist nicht in Sicht. Und das innovative Denken hat sich bedauerlicherweise in einer solchen Nische erwischen lassen. Es wurde »gecostcuttet.«

4 Push & Pull

Label und Herkunft:

Kanban; Kanichi Sekine, Japan
Just-in-Time, Material Resource Management; USA

Das japanische Managementkonzept Kanban und die amerikanische Entsprechung Just-in-Time (JIT) wurden ausnahmsweise nicht von Unternehmensberatern erfunden. Deshalb kommt man freilich noch lange nicht um die Consultants herum. In der Regel braucht man sie, um diese Optimierungsmethoden im Unternehmen einzuführen. Außerdem sind nur Unternehmensberater in der Lage, die von ihnen implementierten Systeme von Zeit zu Zeit auf Schwachstellen hin zu analysieren, sprich: Prozessoptimierung zu betreiben.

Kanban (wörtlich: Schautafel) heißt Produktion ohne Lagerhaltung und bedeutet im Ergebnis fertigungssynchrone Materialwirtschaft. Kanichi Sekine ist einer der japanischen Vorreiter, die bereits vor 30 Jahren begonnen haben, die Fertigungsabläufe zu optimieren. Dahinter steckt die Idee, Leerzeiten und Lagerhaltungskosten so weit wie möglich zu verringern, um die Fertigungsdurchläufe kurz und die Kosten dafür gering zu halten.

Kollege Computer gibt den Ton an

Bei Kanban spielt der Computer eine zentrale Rolle. Er sagt, was wann und wo und wie produziert werden soll. Da eigene Lagerhaltung bei den größeren Unternehmen weitestgehend der Vergangenheit angehört, ist dieses System darauf angewiesen, dass die Zulieferer den genauen Zeitpunkt treffen, an dem sie für Nachschub sorgen müssen, um dann auch »just-in-time« zu liefern. Als herausragendes Beispiel für die Verkürzung der Planungszeiträume gilt der japanische Autohersteller Toyota. Dessen Kanban-Experten gelang es tatsächlich, den Planungshorizont von 30 Tagen auf höchstens drei zu verkürzen. In manchen Unternehmen bringen die Zulieferer sogar täglich die nötigen Zutaten ins Haus.

Das direkte Konkurrenzprodukt zu Kanban ist die Materialressourcen-Planung. Der Unterschied: Kanban und JIT gehören zu den so genannten »Pull-Systemen«, während die Materialbedarfsplanung als »Push-System« bezeichnet wird. Pull-Systeme beginnen mit der Produktion als Reaktion auf eine Bestellung. Push-Systeme produzieren für die zu erwartende Nachfrage. Ein einfaches Beispiel soll das verdeutlichen.

Drücken oder ziehen?

Der Bäcker, der sich morgens in die Backstube stellt, knetet für eine zu erwartende Nachfrage. Er schätzt ungefähr, wie viel er am heutigen Tag verkaufen kann, und plant dann die Sorten und Mengen, die er backen möchte. Nach dem gleichen Verfahren ordert er seinen Nachschub an Mehl und anderen Beigaben. Seine Kalkulation gibt den Anstoß zur Produktion – deshalb Push.

Die Verkäuferin der belegten Brötchen dagegen greift erst dann zum Buttermesser, wenn der Kunde in der Bäckerei seine Wünsche vorträgt. Stürmen die Kunden das Geschäft, wird sie vielleicht einige Brötchen vorfertigen. Sobald die Nachfrage aber erkennbar sinkt, wird sie ihre Produktion und eventuelle Nachschubwünsche sofort wieder drosseln. Der Kunde gibt den Anstoß zur Produktion – also Pull.

Bei der Materialbedarfsplanung wird der Produktionsprozess zunächst in einzelne Teilabschnitte gegliedert. Nach Erfahrungswerten werden die Nachfrage, die Zeit, um sie zu befriedigen und die erforderlichen Materialien geschätzt. Der Schlüssel dieses Systems ist die Bearbeitungszeit, die zum Beispiel benötigt wird, um einen Videorekorder aus seinen Einzelteilen zu montieren. Die Fabrik orientiert sich dabei an der geplanten Auslieferung des fertigen Produkts.

Bei der Weiterentwicklung der Bedarfsplanung werden auch die Produktion der verschiedenen Komponenten des Endprodukts, die Lieferung dieser Teile an die Fertigung, die Überwachung der Lagerbestände und, falls nötig, dessen Auffüllung veranlasst. Materialbedarfsplanung setzt feste Bearbeitungszeiten und ein stabiles Fertigungsumfeld voraus. Dadurch kann es allerdings inflexibel werden. Denn wenn die Aufträge nicht rechtzeitig erledigt werden, sind die Mitarbeiter in der Fertigung selbstverständlich bestrebt, die Bearbeitungszeiten zu verkürzen. Die Folge dieser Anpassung: Die Lagerbestände schwellen an, weil die Aufträge nun zu früh erledigt werden.

Wer aber schneller produziert als geplant, produziert damit nicht unbedingt auch besser. Es gibt zwar eine Reihe von computergestützten Techniken, um das System so flexibel zu gestalten, dass die Durchlaufzeiten variabel werden. Das erhöht jedoch wieder die Kosten für Hard- und Software.

Ja, was denn nun?

Kanban wird oft mit dem Bild eines Eimersystems beschrieben: Jeder Mitarbeiter im Fertigungsablauf reicht einfach einen Eimer weiter – und man kommt ohne Lager aus. Lässt am Ende des Prozesses der Bedarf nach, arbeiten die Mitarbeiter einfach langsamer. Dabei setzt der Langsamste den Maßstab in der Bearbeitungszeit.

Da das JIT-System auf Aufträge reagiert, dringen Veränderungen in der Nachfrage nur allmählich in der Produktionskette durch. Selbst wenn es frühzeitig bekannt wird, dass sich eine Situation ändern dürfte, dauert es manchmal Monate, bis in einem Kanban-System auf die neue Situation reagiert wird. Schmerzhaft mussten das einige amerikanische Hersteller erfahren, die auf Lieferungen aus Japan angewiesen waren. Es dauerte länger als drei Monate, bis sich ihre Zulieferer an das neue US-Tempo angepasst hatten.

Ob Pull- oder Push-Systeme, beide haben ihre Vor- und Nachteile. Die meisten Fertigungsunternehmen kombinieren deshalb heute die Methoden.

Bis dahin kämpften freilich die Vertreter beider Methoden mit allen Mitteln um die Vorherrschaft. Anfang der neunziger Jahre erschien in einem amerikanischen Fachblatt für Produktionstechnik eine reißerisch aufgemachte Anzeige: »Just-in-Time oder Material-Ressourcen-Planung? Wenn Sie überleben wollen, wählen Sie Just-in-Time!« Dieser Schlachtruf macht deutlich, welcher Glaubenskrieg um die beiden Systeme tobte.

Am besten im Kombipack

Auf der einen Seite kämpften die Verfechter des Kanban- und JIT-Prinzips. Sie befürchteten die Weltherrschaft der Japaner und bemühten sich deshalb nach Kräften, diese umso eifriger nachzuahmen. Auf der anderen Seite argumentierten die kühlen Techniker der Materialbedarfsplanung, die sich auf eine funktionierende Tradition stützen konnten. Warum also etwas ändern?

Da standen sich nun die Kontrahenten erbost gegenüber und bewarfen sich gegenseitig mit den Vor- und Nachteilen dieser und jener Methode. Jahrelang wogte der Kampf auf dem Schlachtfeld der Medien hin und her – so lange, bis Uday Karmakar, Professor für Fertigungs- und Prozesssteuerung an der Universität von Rochester, auf die geniale Idee kam, die Vorteile beider Verfahren miteinander zu kombinieren: »Warum kann man eigentlich nicht ein elektronisches Datenerfassungssystem in einem Kanban-Umfeld einsetzen?«

… und was steckt dahinter?

Kanban und Just-in-Time sind gute Methoden, um Logistikkosten und Zeitverschwendung zu minimieren. Jeder Automobilhersteller arbeitet heute auf der Basis dieser Konzepte, die von praxisorientierten Fertigungsspezialisten entwickelt wurden.

Anders als man hätte erwarten können, verhalten sich die Beratungsgesellschaften Kanban und JIT gegenüber recht zurückhaltend. Implementierungsaufträge übernehmen sie gerne, aber interessanterweise haben sie keine eigenen JIT-basierten *line extensions* hervorgebracht.

Wir sehen den Grund hierfür schlicht in der Größe des Marktes. Ein JIT-System einzuführen, ist eine Sache von wenigen Monaten. Dafür lohnt es sich kaum, ein paar Dutzend Junior-Consultants zusammenzutrommeln, umfängliche Strategiepapiere zu entwerfen und eine Zeitplanung aufzustellen. Weitaus lukrativer als Kanban und JIT ist ein Business Transformation Programm, eine totale Reorganisation oder eine satte Geschäftsprozessoptimierung. Doch wer halt den Big Mäc unter den Consultingaufträgen nicht ergattern kann, begnügt sich auch mit einem schlichten Hamburger.

5 Sushi für Anfänger

Label und Herkunft:

Toyota Produktionssystem (TPS); Kenichi Sekine
Kaizen; Masaaki Imai
Continuous Improvement Process (CIP), Kontinuierlicher VerbesserungsProzess (KVP); J.P. Womack
KVP2; Volkswagen AG

Im Jahr 1986 waren es nur Eingeweihte, die sich etwas zuflüsterten, um dann wissend zu lächeln. Der Code bestand aus nur einem einzigen Wort, dessen Klang ein bisschen an Karate erinnerte, vor allem aber an Zen und die Suche nach dem Glück. Das geheimnisvolle Wort lautete … »Kaizen«.

Auf den Speisekarten japanischer Restaurants suchte man es vergeblich. Kaizen war auch nicht der Name einer alten asiatischen Verteidigungstechnik, sondern einfach nur der Titel eines Buches des Japaners Masaaki Imai. Kaum einer kannte den Mann. Und seinem Buch ging es wie vielen anderen: Es wurde zwar gekauft, aber kaum gelesen. Stand einfach herum, in Palisanderbücherborden und auf Glasablagen. Nur einige wenige Neugierige vertieften sich in die Weisheiten des Fernen Ostens.

Das war zunächst alles.

Denn als dieses Wort so zögerlich in unseren Sprachraum tröpfelte, da boomte die westliche Wirtschaft noch. Wer wollte sich in diesen Tagen schon ernsthaft mit einem japanischen Autor befassen, der ein Konzept vorstellte, mit dem man angeblich Schritt für Schritt kontinuierliche Verbesserungen im Unternehmen erreichen konnte? Was hieß überhaupt Verbesserung in kleinen Schritten? Warum nicht in großen? Das klang doch irgendwie spießig, fast schon ärmlich, nach DDR-Mief und Planwirtschaft. Im Schneckentempo sollte man ein ganzes System revolutionieren können? Und wozu überhaupt? Alles funktionierte doch bestens.

Think big!

Ende der achtziger Jahre waren im Westen Visionen angesagt, der große Wurf, die grandiose Innovation und die ultimative Strategie. Die Auftragsbücher waren prall gefüllt, Konzernchefs gingen weltweit auf Einkaufstour, Globalisierung galt als Riesenchance, Diversifizierung war die todsichere Lösung. Die dazugehörenden Managementkonzepte kamen aus den Staaten, woher sonst? Kleine Schritte waren etwas für Zauderer, die dem eigenen Konzept nicht trauten, für Zimperliche, die grundsätzlich den neuesten Trend verschliefen.

Die Zeit verging, die Mauer fiel, und alles wurde ganz anders. Das anhaltende Wirtschaftswachstum kam zu einem abrupten Ende. Globalisierung war auf einmal zur Bedrohung geworden, denn schließlich wollte alle Welt überallhin, auch auf den eigenen, sicher geglaubten Heimatmarkt. Die Visionen zerplatzten wie Seifenblasen. Es begann das Zeitalter der neuen Bescheidenheit.

Eine solide Methode musste her, um die Kosten zu senken – freilich bei gleichzeitiger Verbesserung der Qualität. Die Quadratur des Kreises, zugegeben, aber man wächst ja mit seinen Aufgaben. Also wurde über neue Ansätze nachgedacht und sicherheitshalber das Personal verschlankt. Das ist ja bekanntlich nie verkehrt. Doch das große Wunder ließ auf sich warten. Die Wirtschaft stagnierte weiter und rote Zahlen wurden zu vertrauten Begleitern.

Die Denker und die Soja-Soße

In jenen Tagen könnte sich folgendes Ereignis zugetragen haben: Ein paar Unternehmensberater hockten in einer Düsseldorfer Sushi-Bar zusammen und waren sich darüber einig, dass ein neues Managementkonzept dringend angesagt sei. Nur woher nehmen, ohne allzu dreist zu stehlen?

Meerrettich reinigt den Magen, Sake klärt den Geist, puristisches Mobiliar führt zur Konzentration auf das Wesentliche. Die Damen und Herren schlossen die Augen und versuchten, sich vom Genius loci inspirieren zu lassen. Nach 20 Minuten kam die Erleuchtung (japanisch: kensho) über sie. Hatte da nicht ein Japaner mal irgendwas geschrieben? Wie hieß der doch noch gleich? Und worum ging es dabei überhaupt?

»Es geht um kleine, geduldige Schritte«, wusste noch der eine Consultant. »Die zu Verbesserungen führen«, ergänzte ein anderer. »Das kann doch nicht euer Ernst sein«, gab der Junior Consultant zu bedenken: »Das ist doch kein Konzept, sondern eine Bastelanleitung aus dem Kindergarten! Wenn wir das als neue Strategie verkaufen, machen wir uns doch komplett lächerlich.« Der Senior in der Runde wischte den Einwand souverän vom Tisch: »Überhaupt kein Risiko. Das machen wir schon immer so.«

Ex oriente lux

Kurz darauf erschien ein anderes Buch zum gleichen Thema. Der MIT-Wissenschaftler J.P. Womack zündete »Die zweite Revolution in der Autoindustrie«. Und das war der Durchbruch für Kaizen und den Kontostand des Autors. Irgendeinen Grund musste es doch haben, dass japanische Autos in der alljährlichen ADAC-Pannenstatistik mit konstanter Bosheit die besten Plätze belegten und außerdem preislich auch noch ungemein attraktiv waren. Ganz Europa und halb Amerika wandte sich folglich der aufgehenden Sonne entgegen und wartete auf die Erleuchtung.

Was besagt aber nun das Kaizen-Konzept? Hören wir dazu die Japan Human Relations Association: »Die Japaner sehen in dem Wort Kaizen ein Symbol, das die alltäglichen Kämpfe und Mühen am Arbeitsplatz und die Art umfasst, wie wir mit ihnen umzugehen suchen. Deshalb benutzen Toyota, Mazda und andere Firmen mit Produktionsstätten außerhalb Japans bewusst den Begriff Kaizen in den Schulungen und Trainings, die sie für ihre Mitarbeiter in den ausländischen Niederlassungen veranstalten.« Etwas konkreter werden die Autoren, wenn sie den Vater des Kaizen, Masaaki Imai, bemühen: »Laut Imai bedeutet Kaizen Verbesserung, vor allem kontinuierliche Verbesserung. Die Kaizen-Verbesserung unterscheidet sich beträchtlich von einer Innovation, eine Art von Fortschritt, mit der viele Menschen im Westen eher vertraut sind. Die Kaizen-Verbesserung beinhaltet eine stetige, allmähliche Ansammlung geringfügiger Verbesserungen seitens der Mitarbeiter eines Unternehmens (einschließlich Geschäftsleitung und Führungskräfte aller Ebenen).« Mit anderen Worten: So wie Kleinvieh auch Mist macht, können sich auch kleinste Verbesserungen zu einem schönen Erfolg summieren.

Die Folge: Ab 1993 hielt zumindest in der Autoindustrie niemand Kaizen mehr für eine japanische Grünteesorte. Da wusste man Bescheid – bei VW, bei Daimler und bei Opel. Seither hat Ford kein »betriebliches Vorschlagswesen« (BVW) mehr, das nur spinnerte Tüftler zum freiwilligen Nachdenken brachte, sondern ein »Ideen-Realisierungs-System«, und seither gibt es bei Audi statt BVW eine »Ideenagentur«. Die Unternehmensberater nennen so was kreativ »Re-Labeln«.

Und siehe da: In Ingolstadt und Neckarsulm beteiligen sich nun immerhin 45 Prozent der Mitarbeiter am kollektiven Brainstorming. Nur mit der Realisierung der Vorschläge hapert es noch gewaltig: Die Mehrheit der Ideen findet erst nach einem halben Jahr Wartezeit ein Ohr.

Kaizen könnte aber auch außerhalb der Fertigung funktionieren. Wer im Büro arbeitet, wird doch jeden Tag mit Abläufen konfrontiert, deren Sinn im Dunkeln bleibt. Das reicht vom System der Ablage bis hin zu den Modalitäten der Beschaffung von Radiergummis. Altgediente Mitarbeiter erklären dann gern auf Nachfrage, dass die Sache »schon immer so gemacht« werde, was die Diskussion in der Regel beendet. Dabei wäre es einfach, auch hier in japanisch kleinen Schritten etwas zu verbessern. Jeder müsste festhalten, was ihm an Ideen einfällt und zur Diskussion stellen. Eigens einberufene Versammlungen wären unsinnig, denn kleine Verbesserungen sollten auch auf dem »kleinen Dienstweg« zu beschließen sein. Ach so, das passiert in unzähligen Betrieben ganz unspektakulär und schon seit langer Zeit? Die wissen bloß nicht, dass sie Kaizen betreiben!

… und was steckt dahinter?

Als sich die Sushi-Runde ein paar Wochen später wieder beim Lieblingsjapaner einfand, war die Stimmung schon deutlich gehoben. »Es müsste doch möglich sein«, meinte der Senior, »diese japanischen Trippelschrittchen auch für die große Sinnsuche auf den Chefetagen ganz anderer Branchen verwerten zu können! Vermutlich müsste man das Ganze nur ein bisschen peppen, nett generalisieren, irgendwie toppen: Kaizen hoch zwei, oder so.« Der Oberberater arbeitete übrigens gerade bei VW an einer Qualitätsoffensive oder so.

Kaizen auf Englisch heißt »Continuous Improvement Process« (CIP). Auf gut Deutsch: Kontinuierlicher Verbesserungs-Prozess (KVP). Diesen wiederum ins Quadrat erhoben zu haben – KVP hoch 2 –, darf sich der Volkswagenkonzern allen Ernstes rühmen.

Kurze Zeit später hatte sich auch der Junior Consultant schlau gemacht und glänzte mit Detailwissen. »Es geht wirklich um kontinuierliche Verbesserung in kleinen Schritten. In vielen kleinen Schritten. In vielen kleinen, geduldigen Schritten. Typisch japanisch natürlich, denn für ein ressourcenarmes Land sind Sorgfalt und Sparsamkeit im Umgang mit Rohstoffen aller Art immer schon selbstverständlich. Und da die Japaner auch noch Qualitätsprodukte anbieten wollten, mussten sie unbedingt versuchen, durch kurze Rüst- und geringe Ausfallzeiten eine effiziente Ausnutzung der Anlagen zu erreichen. Gleichzeitig war für sie die bestmögliche Ausnutzung der Arbeitszeit der Mitarbeiter für wertschöpfende Tätigkeiten von großer Bedeutung. Und sie hatten längst erkannt, dass es durchaus sinnvoll ist, sich um jeden noch so kleinen Handgriff der Produktion zu kümmern. Denn wer eine Schraube einsparen kann, ohne der Qualität des Produktes zu schaden, senkt bei entsprechender Stückzahl spürbar die Kosten.«

So weit der ambitionierte Youngster aus der fröhlichen Sushi-Runde.

Kein Nachdenken über Fremdschrauben

Die Japaner haben aber noch etwas verstanden, und das ist fast noch wichtiger. Und zwar, dass nur derjenige, der – zum Beispiel – Tag für Tag mit dem Montieren von Autotüren zu tun hat, überhaupt auf den Gedanken kommen kann, eine von 30 Schrauben einzusparen. Die Kollegen vom Heck haben nämlich entweder keine Lust, über Fremdschrauben nachzudenken, oder sie gehen stillschweigend davon aus, dass ohne die dreißigste Schraube die Autotür möglicherweise nach zwei Tagen abfällt.

Außerdem war es den Japanern nicht entgangen, dass alles, was man täglich tut, so alltäglich wird, dass man nicht mehr darüber nachdenkt. Folglich fragten sie sich: Wie können wir einen Arbeiter am Fließband dazu bewegen, aus dieser Routine auszubrechen und sich Gedanken über mögliche Verbesserungen zu machen – also just über das zu grübeln, worüber er aus freien Stücken nie nachdenken würde? Sie fanden die Lösung, indem sie für gute Ideen Prämien versprachen und die Mitarbeiter immer wieder nachdrücklich aufforderten, Verbesserungsmöglichkeiten ausfindig zu machen. Die fernöstlichen Organisatoren bildeten kleine Teams und ermutigten jeden einzelnen Mitarbeiter, auch Verantwortung für die Aufgabe der Gruppe zu übernehmen. Sie haben, mit anderen Worten, unser altes betriebliches Vorschlagswesen umgemodelt, sozusagen den Zettelkasten für Ideen attraktiver gemacht.

»Also ist Kaizen doch das Gleiche wie CIP und KVP, nur ein bisschen älter«, murrte ein Berater, »und japanischer.« »Letzlich schon«, gab der Heitere zu, »aber Kaizen klingt doch so viel mysteriöser. Da denkt man doch gleich an stille Tempel, an Kimonos und an Erstklässler, die schon dreitausend Schriftzeichen pinseln können. Kaizen als Wort zergeht auf der Zunge, das ist der Name für ein echtes Markenprodukt. ›Kontinuierlicher Verbesserungsprozess‹ hat dagegen null Sound.« Die Runde blickte nun ziemlich entschlossen. Der Heitere fuhr fort: »Wir müssen jetzt nur noch einen Weg finden, die Idee als Konzept zu verkaufen. Es wäre ja fatal, wenn der Eindruck entstünde, unsere Klientel könnte sich einfach ein Buch besorgen und das Problem allein anpacken.«

Beratung muss sein

Die Düsseldorfer griffen sich den Stier bei den Hörnern und entwickelten das adäquate Lösungspaket – nach gewohnter Manier. Und das heißt in Beraterkreisen immer:

Als Erstes muss klargestellt werden, dass der Zeitfaktor keine Rolle spielen darf. Ein gutes Konzept braucht grundsätzlich mehrere Jahre bis zur vollständigen Implementierung.

Zweitens muss darauf verwiesen werden, dass das zu bewältigende Problem hoch komplex ist. Das ist es immer, sonst bräuchte man ja nicht so viel Zeit zur Realisierung.

Drittens muss der Klient eindringlich davor gewarnt werden, allzu schnelle Ergebnisse zu erwarten. Schnelle Ergebnisse sind Zufallsprodukte, und die taugen nichts.

Viertens muss auf die Bedeutung ausführlicher persönlicher Beratung verwiesen werden. Ein neues Konzept lässt sich nicht mit einem Handbuch allein realisieren. Nur die Vermittlung durch einen erfahrenen Consultant – der immer viele Kollegen bei sich hat – führt zu vollem Verständnis der Materie.

Fünftens darf keineswegs die Notwendigkeit einer Nachbearbeitung unerwähnt bleiben. Das beste Konzept nutzt nichts, wenn sich niemand daran hält. Aber nur derjenige, der das Konzept für den Kunden konzipiert hat, kann letztlich beurteilen, ob es auch im Sinne des Erfinders angewandt wird.

Last but not least führt dies alles zu dem logischen Schluss, dass jedes Managementkonzept auf alle Branchen anwendbar ist. Der Einwand, etwas, das zum Beispiel für die Autoindustrie taugt, sei nicht automatisch auch für einen Dienstleister, für Handel, Banken und Versicherungen brauchbar, zeugt von kleinkariertem Kästchendenken.

»Am meisten an dieser japanischen Methode beeindruckt mich, dass sie so total demokratisch ist«, freute sich der Heitere: »Jeder darf mitmachen, solange er Lust dazu hat, sein Scherflein zum Wohl des Unternehmens beizusteuern. Da schmilzt doch der Betriebsrat vor Entzücken. Und während Innovationen immer hohe Investitionen erfordern, sind die kleinen Schritte auch noch kostengünstig.«

»Natürlich im Gegensatz zu unserer Beratung«, ergänzte einer, der es vorzog, anonym zu bleiben, und bestellte noch eine Runde Sake.

6 Culture Club

Label und Herkunft:

Management of Evolution, Evolutionäres Management; W. Kirsch
Corporate Culture; W.G. Ouchi, J.B. Johnson
7-S-Konzept; Tom Peters, Robert Waterman

Die Erfolge der Japaner irritierten die westliche Welt bereits Mitte der siebziger Jahre ganz gehörig. Binnen weniger Jahre war die einst eher unterentwickelte Nation Japan zu einer Wirtschaftsmacht ersten Ranges aufgestiegen. Ausgerechnet in der Unternehmensführung, dem ureigenen Claim von Dagobert Duck & Co., machten die Söhne Nippons nun den Amerikanern einiges vor. Autos, Computerchips, Unterhaltungselektronik – japanische Unternehmen produzierten genau das, was der Markt haben wollte, und dazu noch deutlich billiger als andere.

Nach dem verlorenen Vietnamkrieg und dem Öl-Schock geriet nun auch das ökonomische Selbstbewusstsein der US-Manager ins Wanken.

Fieberhaft forschten amerikanische Managementexperten und Consultants nach den fernöstlichen Geheimnissen exzellenter Marktbearbeitung und dauerhaft schwarzer Bilanzen. Die Hunderttausend-Dollar-Frage lautete: Was macht japanisches Management besser als amerikanisches?

Kulturen auf dem Prüfstand

Bald traten die ersten Unterschiede zu Tage. Japanische Führungskräfte treffen ihre Entscheidungen weniger nach formalen Kriterien, wie sie in den Berichts- und Kontrollsystemen des Westens festgelegt sind, sondern in einem partizipatorischen Prozess mit ihren Kollegen. Diese Erkenntnis begründete die »kulturvergleichende Managementforschung« (Ouchi/Johnson 1978).

Die in den Vereinigten Staaten zuletzt propagierten strategischen Managementkonzepte hatten die in sie gesetzten Hoffnungen sowieso nicht erfüllt und waren daher in Ungnade gefallen. Es war an der Zeit, das Ruder herumzureißen – weg von der systemtheoretisch-funktionalistischen Sichtweise, hin zu neuen Ufern! In diesem Fall hin zu einem »philosophischen« Ansatz und einer eher subjektiven Interpretation der betriebswirtschaftlichen Strukturen und Prozesse.

Auch in den Beratungsgesellschaften setzte das große Grübeln ein. Der damals noch für McKinsey tätige Tom Peters (inzwischen freischaffend tätig, siehe Kapitel 12) und sein Kollege Robert Waterman entwickelten zusammen mit einigen anderen Consultants das so genannte 7-S-Konzept. Es wurde ein paar Jahre lang als der ultimative Stein der Weisen verkauft.

Grundlage ihrer Systematisierung war die Erkenntnis, dass es »weiche« (staff, skills, style und superordinate goals) und »harte« (structure, strategy und systems) Variablen in der Mitarbeiter- und Unternehmensführung gibt. Die weichen Variablen, so versicherten die Berater, würden in Japan weitaus stärker beachtet als in den Vereinigten Staaten. Möglicherweise läge genau hier der entscheidende Vorsprung der fernöstlichen Konkurrenz. Und das wollten Peters, Waterman und das Haus McKinsey ab sofort mit einer »Corporate-Culture«-Implantierungsmethode ändern. Damit, so die Spekulation der Consultants, sollte sich doch eine große Klientel beglücken lassen.

Die Überlegung ging auf. Und wie. Jahrelang …

Unternehmens-Multi-Kulti

Noch einen Schritt weiter als Peters und Waterman gingen Terence Deal und Alan Kennedy in ihrer Untersuchung »Corporate Culture – The Rites and Rituals of Corporate Life« (1982). Denn in diesem Buch wird Unternehmenskultur nicht zu einem von mehreren, sondern zum allein selig machenden Erfolgsfaktor in der Unternehmensführung hochstilisiert. Unternehmenskultur, behaupteten die Autoren, lasse sich festmachen an der Risikobereitschaft und der Geschwindigkeit des Feedbacks. Dementsprechend entwickeln Deal und Kennedy eine Matrix von vier Kulturtypen:

- die Kultur der »Macher«:
  Individualisten mit hoher Risikobereitschaft, rasantes Feedback

- die Work-hard-Play-hard-Kultur:
  geringere Risikobereitschaft, aber schnelles Feedback
- die Bet-your-company-Kultur:
  hohe Risikobereitschaft, langsames Feedback
- die Process-Kultur
  überhaupt keine Risikobereitschaft, bürokratisch, null Feedback.

Der Ratschlag der Weisen: Man entscheide sich tunlichst für den erfolgversprechenden Typus der ersten Kategorie! Das durfte Amerikanern ja nicht schwer fallen. Mussten sie doch nur einen schönen alten Mythos wiederbeleben – den vom einsamen Cowboy, der trotz widriger Umstände (leere Wasserflasche/leere Kassen) und feindlichem Umfeld (böse Indianer/böse Japaner) alles erreicht, weil er nichts und niemanden fürchtet und sich grimmig lächelnd in Gefahr begibt.

Unter »Unternehmenskultur« verstehen Deal und Kennedy ein System von Werten und Überzeugungen, das Mitarbeiter dazu bringt, »to feel better about what they do«.

Einfach sympathisch.

Kultur ist, was man ist

1985 stürmte Edgar H. Schein mit »Organizational Culture and Leadership« die Charts. Der Autor definiert »Kultur« als »a pattern of basic assumptions – invented, discovered or developed by a given group as it learns to cope with its problems of external adaptation and internal integration – that has worked well enough to be considered valid and therefore to be told to new members as the correct way to perceive, think and feel in relation to those problems«.

Mit anderen Worten: Die Kultur eines Unternehmens ist das, was es zu dem gemacht hat, was es ist. Jedenfalls solange es mit dem Unternehmen aufwärts geht.

Scheins Bestseller gab den letzten Anstoß zu einem weltweiten Kulturboom in den Unternehmen. Denn das Timing war perfekt: Die Wirtschaft florierte gerade erfreulich. Kultur scheint sich eben nur in Zeiten der Expansion auszubreiten, egal ob einer Wirtschaft oder eines Imperiums. Nur in der Euphorie des Erfolges werden Triumphbögen und andere symbolträchtige Monumente errichtet. Wer die ersten Etappen eines Eroberungsfeldzugs erfolgreich hinter sich gebracht hat, schwenkt siegestrunken das Banner. Geht eine entscheidende Schlacht verloren, dann sind Fahnen mit dem Firmen- oder Nationalitätenlogo nicht mehr so gefragt.

Corporate Culture meets Zeitgeist

Wir wissen nun: Um eine Kultur zu schaffen, muss man aus dem Vollen schöpfen können. In Krisenzeiten wird Brot in die Steckrübensuppe getunkt. Da geht es ums Überleben, nicht um höhere Werte oder geistige Impulse. Mitte der achtziger Jahre waren Hummerschwänze angesagt, keine Steckrüben. Daher traf der Slogan von der »corporate culture« (wahlweise »corporate philosophy«) voll den Zeitgeist. Und da dieser US-Trend der erste gewesen wäre, den man in Europa und besonders in Deutschland ignoriert hätte, konnte es nicht ausbleiben, dass auch hier zu Lande hektisch nach Kultivierungsmöglichkeiten gefahndet wurde.

Die Suche nach einer neuen Unternehmenskultur setzte vielerorts erst dann ein, als das Wort zu einer publizistischen Hochblüte gelang. So mancher Mittelständler las morgens in seinem Chefblatt von der Bedeutsamkeit der Unternehmenskultur und bestellte flugs seinen obersten Öffentlichkeitsarbeiter ein: »Mackenthum, ich frage Sie: Haben wir eine Unternehmenskultur?« Wenn der PR-Chef schlau war und an eine Erweiterung seines Budgets dachte, antwortete er geschmeidig etwa so: »Nun ja, wir haben schon eine. Aber die könnten wir schon ein wenig bekannter machen.«

Und das geht so: Zunächst verfasst der PR-Chef (mit Hilfe eines Kulturberaters) ein Unternehmensleitbild. Sieben Thesen, sieben Sätze, sieben Seiten, sieben mal sieben Mille Beratungshonorar. Dieses Leitbild wird den Mitarbeitern auf einer Betriebsversammlung vorgestellt und fortan jedem Auszubildenden bei Dienstantritt mit den Worten »Damit Sie unsere Unternehmenskultur kennen lernen« in die Hand gedrückt. In dem Leitbild ist zu lesen, wie wichtig die Mitarbeiter sind, wie wichtig die Kunden sind – bei einer Aktiengesellschaft kommen noch die Aktionäre dazu. Ganz fortschrittliche Unternehmen beteuern unter »Sonstiges« gerne, dass die Arbeit Spaß machen solle und dass auch die Umweltbelastungen in Grenzen zu halten seien. Deshalb werde das Leitbild auch auf chlorfrei gebleichtem Papier gedruckt.

Zu einer vollständigen Unternehmenskultur gehören regelmäßige informelle Mitarbeitergeselligkeiten. Das Computerunternehmen Hewlett-Packard (HP) lud beispielsweise Ende der achtziger Jahre an jedem Freitagnachmittag in der Zentrale zu einem *beer bust* ein – beim kontingentierten Freibier sollten sich die Professionals frei von der Leber weg miteinander austauschen. Nicht zuletzt deshalb genießt die Unternehmenskultur von HP einen guten Ruf. Es wurden oft Journalisten eingeladen.

Man sieht: Das Wort Kultur hat Power. Macht sowohl als Präfix (Kultur-Beutel) wie auch als Suffix (Wohn-Kultur) aus Alltäglichem etwas ganz und gar Besonderes. Kultur veredelt. Nicht nur in der Rosenzucht. »Kultur« an sich ist positiv besetzt. Schon weil nicht jeder welche hat, oder wenigstens genug davon. Wenn es anders wäre, gäbe es keine Kulturbanausen. Auch keine Kulturvölker. Die müssen sich ja – sonst wären sie keine – qua Besitz von Kultur von anderen abgrenzen …

Kultur oder nur Betriebsklima?

Kultur verfeinert also ungemein. Selbst in Deutschland entwickelte sich die profane Nahrungsaufnahme nach aufopferungsvollen Selbstversuchen und mit Hilfe nachbarlicher Importe zu einer Esskultur. Ein harmonisch komponiertes Mahl musste dann nur noch auf edlem Porzellan serviert und mit silbernem Gerät seziert werden – schon hatte man, solange niemand grünen Spargel mit den Fingern aß, eine Tischkultur.

Kein Wunder, dass das Vielzweckwort in den achtziger Jahren so richtig in Mode kam. Da konnte ein für unser aller Wohlergehen so eminent wichtiger Bereich wie die Wirtschaft doch kein Schattendasein führen. Auch deutsche Unternehmen galten zwar vor dem Import des Modebegriffs »Corporate Culture« nicht als grundsätzlich kulturfeindlich, aber wenn man über den Stil des Hauses sprach, meinte man eher das »Betriebsklima«.

Diesen zugegebenermaßen leicht verstaubten Begriff hätte man ja ohne großen Aufwand in »Betriebskultur« umfrisieren können. Aber diese Neuschöpfung hatte leider so gar kein subtil innovatives Flair. Die Kreation »Firmenkultur« kam zwar in die engere Auswahl, aber »Unternehmenskultur« – das war die Lösung. Sprachlich zumindest. Danach musste die Hülse nur noch mit Leben gefüllt werden. Lässt doch schon Goethe seinen Mephisto sinnieren: »Denn eben wo Begriffe fehlen, da stellt ein Wort zur rechten Zeit sich ein« (in: Faust, Erster Teil, zweite Studierzimmerszene).

Wo aber sollte man sie hernehmen, die neue Unternehmenskultur? Was war überhaupt darunter zu verstehen? Und vor allem: Wie ließ sie sich in ein marktgängiges Managementkonzept umwandeln? Denn dass man mit der richtigen Methodik »Unternehmenskultur« herstellen konnte, lag auf der Hand.

Ohne Visionen keine Zukunft

So einfach wie in den Vereinigten Staaten konnten Consultants es sich in Deutschland natürlich nicht machen. Mit der angelsächsischen Definition von »Corporate Culture« (»sich besser fühlen bei dem, was man tut«, siehe oben) war in deutschen Landen kein Blumentopf zu gewinnen. Die deutsche Sprache neigt von Natur aus nicht zur Schlichtheit, und hiesige Unternehmer haben es auch gern etwas üppiger.

Um also das neue Produkt – die ominöse Unternehmenskultur – an den Vorstand zu bringen, musste die richtige Verkaufe her. Das war nicht weiter beunruhigend, denn auch in den Unternehmensberatungen selbst hat man schon längst verinnerlicht, dass es »ohne Visionen keine Zukunft gibt« (Floskel aus der Beratersprache).

Es ist ein guter alter rhetorischer Trick, sich in Problemfällen vor der Definition eines Begriffes dadurch zu drücken, dass man erst einmal klarstellt, was nicht darunter zu verstehen ist.

In unserem Falle einigte man sich darauf, dass Unternehmenskultur etwas anderes sein sollte als

- Profanierung der so genannten »Hochkultur«, deren Produkte man gemeinhin in Museen, Galerien oder Opernhäusern goutiert.
- Raumschmuck oder Zwölftonmusik im Foyer,
- (Corporate) Design oder Entertainment.

Sondern?

… und was steckt dahinter?

Schwer zu sagen, denn das Thema ist komplex!

Wir bemühen zunächst ein weiteres erprobtes Ausweichmanöver bei Schwammigkeit eines Begriffes: die glasklare Zieldefinition. In einer Hochglanzbroschüre lässt sich dieses Ziel fein mit weiteren Bausteinen aus der Spruchkiste abklopfen. Zum Beispiel mit: »Utopien von heute werden zu Realitäten von morgen« oder »Ästhetik ist die Brücke zur Motivation«.

Um wenigstens der Utopie (Unternehmenskultur) näher zu kommen, setzten sich die Berater zum Brainstorming zusammen.

Wir haben heimlich mitstenografiert:

»Der mühsame, lange Weg durch Implementierungs- und andere Instanzen wird bekanntlich wesentlich erleichtert, wenn an bestimmten Etappen Erfolgserlebnisse vorgesehen sind. Wir beherrschen die Theorie Iwan Petrowitsch Pawlows und können die bedingten Reflexe der zu instruierenden Belegschaft nutzen. Im aktuellen Fall setzen wir voraus, dass es ›Unternehmenskultur‹ gibt. Was genau darunter zu verstehen ist, wird zu einem späteren Zeitpunkt erarbeitet werden.

Man darf aber davon ausgehen, dass die Herausforderungen von morgen nur mit einer von uns noch zu entwickelnden Unternehmenskultur zu bestehen sind. Welches mittelfristige Ziel könnten wir als quasi eingebaute Nebenwirkung einer effizient zu implantierenden ›Unternehmenskultur X‹ anbieten? Als fringe benefits sozusagen?«

Das »Delta-Familiengefühl«

Glücklicherweise kommt man in Consulterkreisen ja viel in der Welt herum. Da konnte es nicht ausbleiben, dass ein Berater bei Delta-Airlines einen Flug buchte. Dem Reisenden fiel auf, dass man bei Delta etwas hatte, das bei der Lufthansa bisher noch niemand vermisste: das »Delta-Familiengefühl«. Warum war er nicht früher darauf gekommen? Das war sie doch, die attraktive Gehaltsnebenleistung.

Der Mensch ist ja wirklich nicht gern allein. Am wohlsten fühlt er sich im Kreise Gleichgesinnter. Am allerwohlsten in einer Idealfamilie ohne quengelnde, störrische, feindselige Störfaktoren. In einer glücklichen Familie! Und was grenzt eine Familie von den Nachbarn ab? Nur der Jägerzaun? Nein, es ist das Zusammengehörigkeitsgefühl. Und die Terminologie, die andere nicht verstehen und folglich auch nicht kritisch werten können.

Mit ein bisschen Styling könnten Unternehmen doch glatt als große Familien durchgehen ..., der Vorstandsvorsitzende als wohlmeinender pater familias auftreten, dem es nicht schwer fällt, bei seinen Mitarbeitern Begeisterung, Hingabe und Identifikation für das Gemeinwohl zu wecken.

Wie pflanzt man eine Unternehmenskultur?

Das Managementkonzept wurde rasch ausgearbeitet und offeriert:

These: Mit Hilfe der richtigen Strategie lässt sich jede gewünschte Kultur durchsetzen und jeder beliebige Identifikationsgrad der Mitarbeiter erreichen.

Ziel: Implantierung von »Unternehmenskultur«

Etappe: Familiengefühl

Verfahren: Man entwickelt eine Strategie und setzt sie durch. Wie? Durch entsprechende kulturelle Normen. Anzustreben ist dabei eine möglichst hohe Kongruenz von Kultur und Strategie. Ein Übergewicht der Kultur ist unbedingt zu vermeiden, denn sonst droht die unerfreuliche Verselbstständigung derselben. Das wäre kontrapunktisch.

Jetzt musste das Produkt »Unternehmenskultur« nur noch mit den üblichen Leerfloskeln, wolkigen Metaphern und salbungsvollen Gemeinplätzen gefüllt werden. Und schon konnte man die üblichen »maßgeschneiderten« Leitbilder entwickeln, neue alte »Führungsgrundsätze« formulieren und durch »methodisch-konzeptionelles Wissen« glänzen. Wertvorstellungen, Normen, Denkhaltungen sind schließlich eine Ware wie andere auch, meinten die Consultants. Der Ist-Zustand der »Kultur« eines Unternehmens kann beliebig durch kräftiges Rucken am Schalthebel verändert werden. Oder etwa nicht? Aber sicher, sonst wäre »Unternehmenskultur« ja kein marktgängiges Produkt.

Wir repetieren: Wie ändert man den vorherrschenden Stil? Indem man die Wertvorstellungen der Mitarbeiter ändert. Wie? Durch Einsatz von Führerpersönlichkeiten mit der entsprechenden Qualifikation. Woher bekommen sie diese Qualifikation?

Von McConsultant & Cie.

Gegen gültige europäische Währung hätten die ganz bestimmt auch die deutsche Leitbildkultur anno 2000 implementiert.

7 Der Wolf im Schafspelz

Label und Herkunft:

Soft Management, Management of the Year 2000; IMI, Genf; Daniel J. Isenberg, Harvard
Management by walking around

Der Wirtschaftsphilosoph C. Northcote Parkinson hat einmal gesagt, die Geheimnisse des Führens müssten von jeder Generation neu entdeckt werden.

Moderne Managementkonzepte sind keine Philosophien, und sie haben auf den ersten Blick ein bedeutend kürzeres Verfallsdatum als diese. Allerdings kommen sie mit schöner Regelmäßigkeit wieder – wenig oder gar nicht verändert und vielleicht mit einem neuen Namen getarnt. Der Vergleich mit dem Auf- und Abtauchen von Modetrends liegt nahe. Unter besonderen Druck geraten sie zusätzlich, sobald ein Jahrzehnt seinen Zenit überschritten hat. Denn dann kommt die Stunde der Visionäre, die sorgenvoll Bilanz ziehen und eloquent einen Katalog all dessen aufstellen, was sich in Zukunft ändern wird oder sollte.

Dann wird prophylaktisch am Profil des Managers des jeweils nächsten Jahrzehnts gefeilt, dann wird die ideale Managementlehre für die kommende Dekade entwickelt. Bange Fragen werden gestellt und sichere Antworten gewusst. Immer in dem Tenor: So, wie es war, kann es nicht weitergehen. In Zeiten des Umbruchs muss dies oder jenes geschehen.

Der Manager mit weichem S

Das oben beschriebene Ritual wurde natürlich auch Ende der achtziger Jahre inszeniert. Dem gespannten Managerforum wurde eine wichtige Frage vorgelegt: Welche Eigenschaften der Manager würden in den neunziger Jahren über Exzellenz oder Mittelmäßigkeit eines Unternehmens entscheiden? Die Antworten der Lehrkörper von Business Schools und Universitäten, von Managementgurus und Unternehmensberatern, von arrivierten Führungskräften und solchen ante portas variierten in Maßen. Eine Kernaussage fanden freilich alle gut: Das Profil des Managers der Zukunft würde gänzlich anders sein als heute. Nicht mehr autoritär, entschlossen, durchgreifend, sich knallhart an facts & figures klammernd sei der Zukunftsführer, sondern warmherzig, sozial aufgeschlossen, kommunikativ, hoch moralisch und klassisch gebildet. Ein Manager zum Anfassen, menschlich eben, gerne auch ein bisschen weich. Nein, weich nicht. Klingt nicht gut. Drücken wir es neudeutsch aus und sagen wir: »Soft«. Mit ganz weichem S.

Das Soft Management hatte soeben das Licht der Welt erblickt.

Historische Einordnung

Ideengeschichtlich und chronologisch lässt sich das Soft Management recht klar einordnen. Der Höhepunkt der Technikeuphorie, wenigstens im Hinblick auf die komplexe Aufgabe der Unternehmensführung, war bereits überschritten, und die darauf folgende Welle – die Beschwörung der Unternehmenskultur – war vom Markt nicht so recht goutiert worden. Das Kulturpflänzchen war zwar eingepflanzt und nach allen Regeln der Beraterkunst gegossen worden, vegetierte aber ziemlich trostlos vor sich hin und schuf (wie so manche Managementmoden zuvor und danach) überwiegend Folgeprobleme.

Also wurde der Boden ringsherum um das Kulturpflänzchen kräftig aufgelockert und mit einer reichlichen Portion Soft Management gedüngt.

Ende der achtziger Jahre monierten führende europäische (lautstark) und amerikanische (eher leise) Managementwissenschaftler plötzlich einen eklatanten Mangel an »wirklichen« Führungskräften und schoben den schwarzen Peter sogleich den Universitäten zu. Die Hochschulausbildung war an der Managermisere schuld, weil sie nur eine bestimmte Kategorie von Fähigkeiten vermittelte.

Noch einmal mit Gefühl

In einer Welt, die durch wachsende Unsicherheit und immer kürzere Planungshorizonte gekennzeichnet war, konnte man aus Zahlen der Vergangenheit und historischen Fallstudien für die Zukunft kaum noch etwas lernen. Obwohl der technische Fortschritt komfortable Hilfsmittel wie Computer und Datenbanken – später gab es dann Management-Informationssysteme – hervorgebracht hatte, wurden Führungsentscheidungen immer noch auf der Basis unzureichender Informationen getroffen. »Aus dem Bauch heraus« nennt man das. Folglich müsse der Manager »der Zukunft« tunlichst von der isolierten Betrachtungsweise einzelner Faktoren, wie sie an Universitäten und altmodischen Managementschulen gelehrt wurde, abgehen und neue Qualitäten entwickeln.

Nur: Welche?

Die Wirtschafts- und Sozialwissenschaftler der »Commission for the Year 2000« am feinen Genfer International Management Institute (IMI) brachten die Diskussion mit der Einstiegsfrage in Gang, ob der Manager der neunziger Jahre eher Generalist oder Spezialist sein solle. Als echte Schweizer antworteten sie salomonisch mit einem klaren »sowohl als auch«. Denn nur durch die Kombination von spezifischen Fachkenntnissen und breitem Führungswissen könne ein geistiges »Frühwarnsystem« beim Manager erzeugt werden, das Entscheidungssituationen durch ein »intuitives Unbehagen« rechtzeitig erkennen ließe.

Bildung tut Not

Das 1946 von der kanadischen Alcan Aluminium Ltd. gegründete IMI fand auch heraus, dass es immer wichtiger werde, Unternehmensführung nicht nur in der Form von »Techniken« zu lehren, sondern gleichermaßen die Kunst des Managements und den Mut zur Führung zu vermitteln. Die bisherige Ausbildung von Führungskräften der Wirtschaft beruhe aber hauptsächlich auf Prinzipien formaler Logik und Ursachen-Wirkungs-Analysen. Kreativität, warnte IMI, sei als Schlüsselfaktor im Geschäftsleben zwar theoretisch anerkannt, werde aber kaum systematisch trainiert. Abhilfe werde das neue IMI-Konzept der »integrativen Management-Weiterbildung« schaffen, das allen künftigen IMI-Seminaren als Richtschnur dienen solle.

Daniel J. Isenberg von der Harvard Business School kam zu verblüffend ähnlichen Ergebnissen. Seine Untersuchungen hatten gezeigt, dass erfahrene Führungskräfte ihre Entscheidungen mit sehr viel Intuition, Inkonsequenz und sogar unter Missachtung der »Regeln« trafen – und das ohne signifikanten Anstieg der Fehlerquote. Intuition dürfe daher nicht länger als Feind allen rationalen Verhaltens betrachtet, sondern müsse vielmehr als Antriebskraft genutzt werden, meinte Isenberg.

Der Faktor Mensch

Damit ließ sich arbeiten. Jetzt wussten die Unternehmensberater endlich, warum sie auf der Suche nach einer veritablen Unternehmenskultur und den besten Implementierungsmethoden auf unerwartete Probleme gestoßen waren: Sie hatten den Faktor Mensch nicht in seiner ganzen Tiefe ausgelotet.

Aber mit Hilfe der wissenschaftlich untermauerten Erkenntnis, dass Manager eben noch lange nicht Manager ist, kam man schon einen ganzen Schritt weiter. Zum Beispiel konnte man daraus fabelhaft eine Zweiklassengesellschaft unter den Managern etablieren –

- die Manager
- die echten Führungskräfte –

und dementsprechend die Guten ins Töpfchen und die Schlechten in Fortbildungsmaßnahmen stopfen. Letztere wurden als bloße Verwalter und Organisatoren geoutet, die anderen zu strategischen Visionären geadelt (unter anderem von John P. Kotter).

Ordnungsliebe reicht nicht aus

Den Trend der Zeit traf da das Thema des Eröffnungsreferates zum Deutschen Beratertag 1987: »Führen statt Managen«. Autor Günther F. Groß, Geschäftsführender Gesellschafter der Gesellschaft für Führungstechnik, wies in aller Deutlichkeit darauf hin, dass ein Manager, der vor allem darauf achtet, dass alles läuft, der auf Ordnung und Einheitlichkeit Wert legt, keine wirkliche Führungspersönlichkeit sein kann. Eine solche nämlich erfreue sich an der Andersartigkeit Einzelner und nutze gerade Unterschiede aus, um betriebliche Ziele zu erreichen. Fröhlichkeit, Heiterkeit und Furchtlosigkeit seien die wahren Kardinaltugenden eines gut »geführten« Unternehmens. Und dazu die Wahrheit, die ganze Wahrheit: Zum Führen gehöre ein Herz für Menschen. (Für Tiere übrigens auch, vgl. Kapitel 24.)

Diese Botschaft vernahmen auch andere Consultants. Flugs erweiterten sie ihr Vokabular. Wörter wie »Strategie«, »Konzept« oder »Methode« wurden in den einschlägigen Handbooks und Broschüren geschwärzt. Einzug hielt eine Terminologie, die man bis dato eher in Psychologieseminaren oder Selbstverwirklichungsgruppen vernommen hatte: Erfüllung im Beruf. Vertrauensvolle Zusammenarbeit. Emotionale Systemstabilität. Und die Büros wurden in warmen Farben gestrichen.

Alle haben sich lieb

Noch mehr Kostproben:

- »Spitzenmanager« sollten »sich selbst nicht primär als Entscheidungsträger sehen, sondern teilweise als Führende, teilweise als Helfer«, und sollten »Vertrauen, Toleranz und Zufriedenheit« aufbauen. (D. Quinn Mills, *Die neuen Chefs. Erfolgsstrategien der Manager von Morgen*, 1988)
- »Antriebserfüllung, Familiarität und Motivation, Kreativität und Originalität umreißen das Wunschklima, in dem die Menschen unverwechselbar und mit neuer Kompetenz leben und arbeiten möchten.« Mitarbeiter »haben es gelernt, sich selbst wichtig zu nehmen, und erwarten in der Führungskraft einen Spiegel ihrer Originalität.« (Gertrud Höhler in: *Aktueller Wertewandel und neue Führungsstrategie*, 1989)
- »Management by Love – Mehr Erfolg durch Menschlichkeit«. (Buchtitel von Gerd Gerken, 1990)
- »Die Atmosphäre, in der das neue Profil von Leistung modelliert wird, ist in diesen neuen Vokabeln manifest.« (Gertrud Höhler, *Wertewandel.* Dass Günter Ogger in seinem Managerverriss *Nieten in Nadelstreifen* 1992 G.H.

als »rhetorische Vielzweckwaffe« diffamiert, beruht zweifelsohne auf männlichem Futterneid.)

... und was steckt dahinter?

Eine erstklassige Marketing-Idee der Managementkonzept-Industrie. Sie gründet auf folgenden Vertriebsüberlegungen:

Erstens: Ein umkämpfter Markt braucht neue Ideen. Für Verkäufer von Produktideen ist besondere Kreativität angesagt.

Zweitens: Manager (also die Kundschaft) definieren sich durch ihre Arbeit und stehen unter einem starken Wettbewerbsdruck.

Drittens: Es ist nur ein Mythos, dass Erfolg automatisch ein besseres Selbstwertgefühl und Selbstvertrauen mit sich bringt. Manager verbringen viel Zeit mit Grübeleien darüber, was andere Leute von ihnen denken.

Viertens: Die Grenze zwischen strategischer Vision und »Durchwurschteln« ist nicht definiert. Führen erscheint vielen Managern als Seiltanz ohne Stange.

Der ganz weiche Talk

Berater verstehen sich als Helfer in der Not. Sie lassen ungern zu, dass ihre Klientel vom Seil stürzt. Also machten sie sich auf die Suche nach einer geeigneten Balancierstange, die sich dem ratlosen Artisten in der Zirkuskuppel in die Hand geben ließ. Auf das schon mehrfach bewunderte, besonders feine Gespür der Consultants für Trends und Trendchen war auch in diesem Fall Verlass – und die neu eingeführte Terminologie der Menschlichkeit ließ sich problemlos in den bisher gepflegten Glamour-Jargon integrieren. Über Menschliches und Allzumenschliches zu dozieren machte außerdem Spaß, las sich flott und verkaufte sich wie warme Semmeln.

Die einen beschworen »soziale Führungstugenden« und die »geglückte Kombination von Ratio und Intuition«, die anderen verwiesen auf die »Bedeutung des Menschlichen und die sozialen Aspekte des betrieblichen Miteinander« (u.a. Hans Michael Lezius u. Heinrich Beyer, *Menschen machen Wirtschaft*, 1989).

»Führung muss den Erlebnischarakter von Arbeit sichern« (G.Höhler), ein Chef müsse »flexibel mit dem Wandel des wirtschaftlichen und gesellschaftlichen Umfeldes umgehen können und gelernt haben, Visionen zu formulieren und zu vermitteln« (J.P. Kotter), Sensibilität für Veränderungen im sozialen und politischen Raum, Begeisterungsfähigkeit für Menschen und Aufgaben sowie emotionale und physische Stabilität seien als qualitative Merkmale für jede Führungspersönlichkeit unabdingbar.

The medium is the message

»The medium is the message«, sagte einmal der Werbepapst Marshall McLuhan. Die neue Sprache beeindruckte. Ihr Vokabular hatte einen ganz ungewohnten Charme. »Vertrauen«, »Sensibilität«, »menschliche Wärme«, »Heiterkeit« – das waren weiche, warme Klänge in einer grauen, harten, kalten Alltagswelt. Wie war es doch erfreulich, dass man sich als Führungskraft nicht nur mit Ablauforganisationen und Lernkurven plagen musste, sondern sich endlich als Manager und Mensch fühlen durfte.

Diese aus der Sicht von 1987 für den Manager der Zukunft absolut unentbehrlichen Merkmale sind natürlich trainierbar – von den entsprechenden Spezialisten. Skeptische Einwände konnten elegant mit dem Verweis auf Theodor Lewitt abgeblockt werden: Es sei falsch, einfach nach Lösungen zu suchen, vielmehr müsse man lernen, die richtigen Fragen zu stellen.

Jetzt brauchte die Produktidee nur noch einen Namen. Der spontane Einfall eines schwäbischen Seniorberaters »Ma muss mit de Leut schwätze …« traf es zwar inhaltlich, sprachlich aber ganz und gar nicht. Viel zu deutsch, viel zu provinziell, und viel zu harmlos. Schwätzen können die meisten Menschen ohne Hilfestellung eines Beraters.

»Management by …« dagegen ist immer gut. Der Terminus aus dem Englischen verspricht etwas Konkretes, Praktikables, Umsetzbares, Erfolgversprechendes. Während die Genfer IMI-Professoren noch an ihrem Soft-Management festhielten, prägte ein Harvard-Wissenschaftler die schöne Headline »Management by walking around«. Recht hatte der Mann: Der Name trifft's. Einerseits sachlich, andererseits irgendwie freundlich, gesellig und unverkrampft. Mit seiner Lässigkeit erteilte er eine klare Absage an Bürokratismus und starre Strukturen.

Management by walking around

Und flexibel war das Label »Management by walking around« auch noch. Dazu passte alles, was auch nur entfernt als der Versuch gewertet werden konnte, das Managerverhalten zu ändern. Mehrdeutigkeiten und Widersprüche waren a priori geduldet, eigentlich sogar vorgesehen, denn die menschliche Natur ist ja bekanntlich auch ziemlich komplex und unberechenbar.

Und was wurde nun aus dem Schlendern durchs Unternehmen? Als die nächste Krise aufzog, wurden die Spaziergänge sang- und klanglos gestrichen. Persönlichkeitsmerkmale wie Einsatzfähigkeit, Flexibilität, menschliche Wärme und besonders kommunikative Fähigkeiten sind eben nur in Schönwetterperioden gefragt. In Krisenzeiten verlassen sich Unternehmer immer noch lieber auf Altbewährtes wie strenges Kostenmanagement, exakte Zielverfolgung oder eindeutige Marketing- und Vertriebsorientierung (Ergebnis einer Befragung der Unternehmensberatung Deininger in Frankfurt aus dem Jahr 1994).

Wenn es kriselt, kommt Lopez. Und der kam dann auch bald.

8 Aerobic für Manager

Label und Herkunft:

Lean Production; Massachussetts Institute of Technology (MIT)
Lean Management; Womack/Jones/Rose
Downsizing (ursprünglich für Dezentralisierung der Computer-Hardware),
Downshifting; Charles Handy

Schlank ist schön. Schlanker ist schöner. Auf den kürzesten Nenner gebracht, versuchen Lean Management und seine Protagonisten, diesen Leitsatz der Frauenjournale auf Unternehmen zu übertragen. So, wie das überzogene Schlankheitsideal in den westlichen Ländern zu einer schon terroristisch anmutenden Fitnesswelle führte, kam kein Unternehmen daran vorbei, sich Gedanken über seine Leibesfülle zu machen. Lean war in, und das ist es heute immer noch.

Die Initiatoren des Booms waren, schon wieder mal, die japanischen Automobilkonzerne. Sie benötigten immer noch weniger Mannstunden, um einen Honda, Nissan oder Toyota auf die Räder zu stellen, als ihre Kollegen in Europa und in den Vereinigten Staaten.

Der Japaner als solcher

Dieses Faktum war den Experten schon bekannt, seitdem japanische Autos auf den Weltmärkten nicht mehr nur auf den Randstreifen fuhren. Freilich wurde die höhere Produktivität der Fernöstler zunächst lapidar mit wenig reflektierten Allgemeinplätzen begründet, die oft auch noch heute den »Japaner als solchen« definieren. Der arbeitete angeblich wieselflink und ohne Unterlass, nahm niemals Urlaub und signalisierte doch einmal aufkeimende Unzufriedenheit nicht etwa durch wilde Streiks, sondern durch eine bunte Binde am Oberarm. Kein Wunder also, dass die Produktion nur so flutsche, neidete die westliche Konkurrenz. Da der japanische Arbeiter obendrein mit der schon legendären Hand voll Reis in der Lohntüte zufrieden war, konnten die von ihm gebauten Autos auch noch zu unglaublich günstigen Preisen verkauft werden.

Bis in die frühen achtziger Jahre hinein konnte sich die amerikanische und europäische Autoindustrie eine derartige Ignoranz leisten. Bis dahin waren die Marktanteile der Nippon Connection noch leicht zu verschmerzen. Doch sie vermehrten sich, und das kontinuierlich. Autokäufern gefiel die komplette Ausstattung und die zuverlässige Technik. Die Hintergründe der Produktion waren ihnen herzlich gleichgültig.

Bald kehrte in Detroit, Wolfsburg und Turin besorgte Unruhe ein. Allerdings lautete die Kernfrage in Diskussionen unter Auto-Managern nicht etwa »Wie machen die das?«, sondern »Wie kriegen wir die wieder raus?«. Die einstigen Verfechter der freien Marktwirtschaft riefen nach Importbeschränkungen und Strafzöllen. Die kamen denn auch, später sogar in Absprache mit den Japanern, die ihr Exportgeschäft nicht durch Handelskriege gefährden wollten.

Was machen die besser?

Erst gegen Ende der achtziger Jahre begannen schlaue Köpfe, die japanische Erfolgsgeschichte unter wissenschaftlichen Gesichtspunkten zu durchleuchten. Das Massachussetts Institute of Technology (MIT) in Boston, eine der weltweit ersten Adressen für technische Forschungen, entdeckte nicht nur, dass in einem Auto aus Japan weniger als die Hälfte der in den USA kalkulierten Arbeitsstunden steckten, sondern auch den Grund dafür. Aus dem MIT scholl bald dieser Begriff in die Welt: »Lean Management«.

Seit 1989 wird diese Zauberformel in der Fachliteratur, auf hunderttausend Seminaren und in jeder Vorstandsetage bemüht. Der bereits an anderer Stelle erwähnte Amerikaner James Womack und seine Autorenkollegen bereicherten die Managementliteratur um die Vokabel »Lean Production«. Als Untermenge folgte ihr die Lean Organization auf dem Fuße. Doch was, bitte, war denn an den japanischen Methoden »lean«?

Lean war zunächst einmal die Organisation, mit kurzen Entscheidungswegen, flachen Hierarchien und durchgehender Konzentration auf das Produkt.

Als »lean« entpuppte sich auch die Produktion. Das allerdings bedeutet den Einsatz aller technologischen Möglichkeiten moderner Fertigung, durchaus verbunden mit einer Verringerung der Belegschaftsstärke.

Motivation à la japonaise

Die Japaner stellten ihrer hoch arbeitsteiligen Massenproduktion aber auch noch Ideen an die Seite, welche die Motivation und Identifikation der Mitarbeiter mit ihrer Arbeit erhöhen sollten und dies wohl auch taten: größere Verantwortung im operativen Bereich und die Bildung von Arbeitsinseln, die nicht an arbeitsteiligen Prinzipien rüttelten, aber dennoch mehr Abwechslung boten. (Erinnern Sie sich noch daran, wer das Management by Motivation erfunden hat? Siehe Kapitel 2.)

Was ist daran typisch japanisch? Zunächst nichts, aber dann doch, wir kommen später noch darauf zurück. Die Industrieunternehmen in aller Welt standen jetzt unter dem gleichen Druck, der die Japaner einst zu Veränderungen veranlasst hatte. Herunter mit den Kosten, weg mit unnötigem Aufwand durch die Reibungsverluste einer traditionell funktionalen Organisation, hinauf mit der Kundenzufriedenheit. Die West-Manager drückten exakt die gleichen Schuhe.

Richtig zur Sache ging's bei uns erst 1990, nachdem das Autorengespann Womack/Jones/Rose mit *Die zweite Revolution in der Automobilindustrie* einen Volltreffer landete. Für die Produktionsverfahren bei Toyota zementierte das Trio den Begriff »Lean Production«, seitdem der Dauerbrenner schlechthin, nicht nur bei den Autobauern.

Ihr Ansatz geht über das schlichte Eindampfen der Fertigung hinaus. Die Einbindung und Motivation der Mitarbeiter zur Verringerung von Leerlauf und Verschwendung ist demnach Grundbedingung für erfolgreiche Abmagerungskuren. Den Initiatoren ging es im theoretischen Ansatz weniger darum, teure Mitarbeiter loszuwerden, als vielmehr deren Fähigkeiten optimiert einzusetzen. In der Praxis sah das später anders aus.

Dicke sind langsam

Schlanker sein heißt schneller sein. Diese Weisheit krönt den Erfahrungsschatz jedes Übergewichtigen. Ein Unternehmen, das »lean« im Sinne der Erfinder ist, reagiert schneller auf Kundenanforderungen. »Lean« bedeutet in der Theorie auch, dass sich mit mehr Verantwortung beglückte Mitarbeiter verstärkt für die Ergebnisse ihrer Arbeit interessieren – die Qualität steigt ganz von alleine. Und weil das schlanke Unternehmen weniger auf Hierarchien setzt als die Dickmops AG nebenan, verstehen sich Manager und Mitarbeiter viel besser.

So weit die Predigt.

... und was steckt dahinter?

Lean Mangement, Lean Production und Lean Organization führten zunächst einmal zu reichlich Arbeitslosen, deren individueller Schlankheitsgrad vom Ausbau des in ihrem Land bestehenden Systems der sozialen Sicherung abhing. Da Entlassungen niemals Beifallsstürme der Öffentlichkeit hervorrufen, kamen die zukunftsweisenden Ansätze der Lean-Welle gerade recht, um schlichtes Costcutting ein wenig netter zu verpacken. Für die Public Relations-Abteilung ist es natürlich weitaus leichter, die »Weichenstellung für die Zukunft« zu verkaufen, als die Botschaft, dass aus Kostengründen ein paar tausend Leute fortan viel Freizeit haben werden.

Unzweifelhaft hatten in Deutschland und anderswo viele Unternehmen in den fetten Jahren Speck angesetzt. Der musste angesichts magerer Konjunktur und struktureller Krisen runter, ganz klar. Unzählige Unternehmen sind auch tatsächlich schlanker geworden. Sie haben sich von unrentablen Geschäftszweigen getrennt und die Belegschaft reduziert. Im Übrigen gab es lange vor der Lean-Welle Industriebetriebe mit schlanker Organisation und kurzen Entscheidungswegen.

Lean-Guru Daniel T. Jones verteidigte sein Konzept in einer Weise, bei der Naivität und Zynismus nahe beieinander lagen. In der Wochenzeitung *Die Zeit* erklärte er in einem Interview: »Wenn Sie die Mitarbeiter ernsthaft in den

Versuch einbinden, Verschwendung und Leerlauf zu beseitigen und so die Leistung zu steigern, können Sie nicht gleichzeitig permanent Jobs streichen.«

Das heißt aber für Jones nicht, dass die Leute ihre Jobs behalten. Ein paar Floskeln später erläutert er die arbeitsplatzerhaltende Funktion, die mit der Eliminierung von Verschwendung einhergehe: »Dabei wird Arbeit oft in andere Unternehmen – Zuliefer- oder Dienstleistungsfirmen – verlagert. Sie verschwindet also nicht.«

Wo bleibt die Arbeit?

Global betrachtet hat der Mann völlig recht. Da hat ein Werker in Wolfsburg ein Teil zusammengeschraubt, das nach Verschlankung von einem Zulieferer in Griechenland bezogen wird. Dort braucht es natürlich zusätzliche Arbeitskräfte, um den großen Auftrag von VW abwickeln zu können. Hoffentlich sagt man dem Wolfsburger rechtzeitig, wo seine neue Werkbank steht, damit dieser nicht gleich am ersten Arbeitstag das Flugzeug versäumt und zu spät kommt. Das würde nämlich unserer Volkswirtschaft schaden. Und die ist – wie jede andere Nationalökonomie auch – eher am eigenen Wohlergehen interessiert als am Gedeihen des global village.

Auch wenn das Outsourcing von Unternehmen durchgeführt wird, die in der Nähe liegen, kann Jones seine These von der Arbeitsplatzerhaltung nicht wirklich ernst meinen. Schlanker werden wollen die Unternehmen nämlich alle. In der Praxis gibt es auch in florierenden Betrieben kaum Einstellungen. Da werden Überstunden gefahren, bis der Betriebsrat sich vor Schmerzen krümmt, aber das war's dann auch. Der Vorstand zahlt nicht für den Orthopäden.

»Auf dem Weg zum perfekten Unternehmen«

Dies soll nicht der Versuch sein, den Lean-Protagonisten die anhaltend hohe Arbeitslosigkeit in die Schuhe zu schieben. Die gäbe es leider auch ohne deren Binsenweisheiten. Aber aus der Notwendigkeit, übergewichtige Unternehmen den wirtschaftlichen Verhältnissen anzupassen, eine Heilslehre fürs Business zu machen, ist albern bis dreist.

Daniel T. Jones waren freilich die Betriebe immer noch nicht »lean« genug. Das stellte er in seinem nächsten Buch klar. Die Heldenverehrung von Beratern und deren Jüngern ausnutzend, begleitet Jones Freiwillige *Auf dem Weg zum perfekten Unternehmen.* Selbst in den modernsten Fabriken, wie sie die Japaner zum Beispiel in seiner britischen Heimat errichtet haben, musste Jones Verschwendung entdecken. Er orakelt sinngemäß, dass auch dort die Mehrheit der Tätigkeiten nicht wertschöpfend seien, also verschwendete Zeit darstellten.

Die besorgten Redakteure fragten ihn daraufhin in dem bereits erwähnten Interview, wann denn die Menschen noch Muße für kreative Gedanken finden könnten. Die Antwort stimmt traurig. Jones erkärte, dass man »überschüssige Leute aus der Produktion« einsetzen könne, »um die nächsten Verbesserungen zu planen«. Kreativität ist demnach etwas, was geplant werden kann und muss. Und dafür sollten Unternehmen genau die Leute einsetzen, die zuvor – Lean sei Dank – aus der Produktion entfernt wurden? Der Mann ist offensichtlich ein Getriebener, er verdient unser aller Mitleid. Vielleicht wäre ein Praktikum am Fließband seiner weiteren Entwicklung förderlich.

Alibi für Hungerkuren

Jones und seine Mitstreiter finden Nachahmer in Bereichen, von denen sie wahrscheinlich wenig Resonanz erwartet haben. Mittlerweile dient die allgemeine Euphorie über das Lean Management sogar der öffentlichen Verwaltung als Alibi für kostenwirksames Abspecken.

Nun gehörte der Begriff Schwerelosigkeit noch nie zum Vokabular der Behörden. Das Wort ist aller Erfahrung nach dort eher unbekannt. Auf der Suche nach neuen Kunden entdeckten die Unternehmensberater den Verwaltungsapparat. Schließlich steht dieser unter dem Druck, effizienter werden zu müssen, und er hat immer ein paar Steuergroschen für die eigene Weiterbildung übrig.

Der *Wirtschaftswoche* (Nr. 5/93, Seite 50 ff.) waren denn auch bald nette Beispiele für Verwaltungsdiäten zu entnehmen. Demnach fühlten sich im Zoo zu Nürnberg auch die Tiere wohler, nachdem bei anstehenden Reparaturen von Käfigen nicht mehr eine zentrale Beschaffungsstelle angerufen werden musste. Die Stadt hat den Zoo schlicht in ein Profit Center verwandelt. Mit reduziertem Etat durften die Tierpfleger nun sehen, wie sie ihre Vogelspinnen über die Runden bringen. Das klappte gut. Die fehlenden Gelder aus dem Stadtsäckel wogen offensichtlich weniger schwer als die Einsparungen durch die Abkopplung von der kommunalen Bürokratie.

Die Umwandlung von ehemals öffentlichen Betrieben in privatwirtschaftliche Organisationen ist ein alter Hut. Mit Lean … hat das nichts zu tun. Dass die *Wirtschaftwoche* im Anschluss an den Beitrag gemeinsam mit der Unternehmensberatung Arthur D. Little den Kongress »Mut zum Wandel – Lean Management in der öffentlichen Wirtschaft und Verwaltung« feilhielt, resultierte wohl ausschließlich aus der Öffentlichkeitswirkung des Themas.

Lean Management – diese Worte stehen für den ruhigeren Schlaf von Unternehmenslenkern und die gute Ertragslage der Beraterbranche. Dass die Schneider des gefragten Deckmäntelchens in den letzten Jahren schlanker geworden sind, ist mehr als unwahrscheinlich.

9 Schluckspechte beim Einkaufsbummel

Label und Herkunft:

Synergiemanagement; Hirzel, Leder & Partner
The Art of Alliances; Rosabeth Moss Kanter
Kooperationsmanagement; Akquisitionsmanagement; Fusionsmanagement; Joint-Venture-Management

In den siebziger Jahren zogen dunkle Wolken über den bis dahin strahlend blauen Wirtschaftshimmel der Industrienationen. Denn die OPEC (Organisation Erdöl exportierender Staaten) verteuerte über Nacht den Produktionsschmierstoff Erdöl. Das tut sie seitdem immer mal wieder, wenn der Marktpreis hinreichend abgesunken ist. Nicht wenige Konzerne gerieten in der ersten Ölkrise ins Wanken, zumindest aber deren Manager ins Grübeln. Die mit gigantischen Staatsausgaben verbundenen Nachrüstungsprogramme der amerikanischen und europäischen Regierungen federten zwar die gröbsten Torturen für die Wirtschaft ab, allein die Topmanager waren abrupt aus ihren Träumen vom immer währenden Wachstum aufgewacht.

»Wie können wir uns gegen künftige Schocks schützen?« fragten sie ihre Berater, und die wussten Rat. »Verbündet euch mit anderen Unternehmen, und macht euch damit stark, autark und unangreifbar«, rieten die Consultants. Die meisten Manager fanden die Idee prima. Schließlich konnten sie so ihren Glauben an stetiges Unternehmenswachstum bewahren.

Hinter der Begeisterung steckte aber noch ein weiteres Argument, und das hatte vornehmlich mit den verschlungenen Pfaden im männlichen Stammhirn zu tun.

Wer schneller schluckt, wird schneller fett

An dieser Stelle nämlich müssen wir eine tiefenpsychologisch noch längst nicht erschöpfend behandelte Beobachtung einflechten: Mindestens 90 Prozent aller Akquisitionen werden nur deswegen durchgeführt, weil das übernehmende Management befürchtet, eines Tages selbst von einem größeren Fisch geschluckt zu werden. Unternehmenskäufe sind in aller Regel reine Schutzmaßnahmen der herrschenden Mitglieder der Geschäftsleitung. Mit der Ausweitung des kontrollierbaren Terrains und der Organisation will man(ager) sich nämlich zu einem möglichst voluminösen Gebilde aufblasen, das allen Raidern der Welt Furcht einjagen und – im Misserfolgsfall – zumindest im Hals stecken bleiben soll.

Erschwerend kommt hinzu: Wenn zwei Unternehmen zusammengehen, ist normalerweise ein Boss überflüssig. In jedem erfahrenen CEO lauert die Furcht vor einer freundlichen oder unfreundlichen Übernahme seitens eines anderen Unternehmens – bei ersterer wird das Management vorher anstandshalber gefragt, bei letzterer nicht –, anlässlich derer er womöglich seinen Hut würde nehmen müssen. Getreu der klassischen Wildwest-Weisheit: »Wer zuerst schießt, lebt am längsten« setzte also in den siebziger Jahren landauf, landab ein fieberhaftes Nachdenken darüber ein, welches Unternehmen man denn übernehmen könnte – bevor dessen Management womöglich auf denselben Gedanken kommt. Dass der Trend einmal die Ausmaße unserer Tage (Daimler plus Chrysler, Mannesmann plus Vodaphone, Dresdner Bank plus Allianz) annehmen könnte, war seinerzeit nicht absehbar.

Dass eine Vielzahl M&A (Mergers & Acquisition)-Berater den Managern dabei hilfreich an die Seite hüpfte, vermag den uns bis hierher gefolgten Leser nicht zu überraschen. Consultants leben bekanntlich davon, dass sie die tief sitzenden Ängste von Managern kennen, diese bis zur Unterschriftsreife des Beratungsvertrages schüren, einfühlsam (aber ohne schriftliches Commitment) eine Befreiung von den Sorgen verheißen und erst nach Zahlung des ersten Honorardrittels damit herausrücken, dass die Aufgabe doch komplexer ist, als sie ursprünglich schien – eine Ausrede, die paradoxerweise auch noch von den Auftraggebern begrüßt wird, weil diese sich nur ungern als Eigner eines Trivialproblemes betrachten lassen.

Who's the number 1?

Mitte der achtziger Jahre war nicht nur in den USA, sondern auch in Europa der ansteckende Virus der Unternehmenshochzeiten auf dem Vormarsch. Reihenweise verbandelten sich die Großen mit den Mittelgroßen, die Mittelgroßen mit den Kleinen und die Kleinen untereinander. Nur die ganz kleinen Unternehmen blieben unbehelligt und staunten.

Entscheidend wichtig für das Zustandekommen des Bündnisses war der ursprüngliche Größenunterschied. Die unausgesprochene Regel lautete: Der Boss des Größeren wird der Boss des Ganzen; der Boss des Kleineren begnügt sich offiziell mit dem zweiten Platz und zieht sich nach einer kurzen Schamfrist und mit einer satten Abfindung zurück. Herr Esser, weiland Vorstandschef von Mannesmann, und Mr Eaton, einst zweiter Mann bei DaimlerChrysler, sind schon saniert.

Zuweilen fanden aber auch zwei Große unverbindlich aneinander Gefallen und verbündeten sich. Das hieß dann nicht mehr Akquisition, sondern Fusion oder – wenn die Ehe offen war – »strategische Allianz«.

Während Fusionen, also offizielle Unternehmenszusammenschlüsse, in der Chemie den Lösungen entsprechen, ist eine strategische Allianz ein Gemisch. Der Unterschied: Wenn eine Lösung zweier Stoffe nur gut genug durchgeschüttelt wird, verschmelzen die einzelnen Bestandteile zu einer homogenen Gemengelage. Beim Gemisch hingegen bleiben die Substanzen nur kurzzeitig getrennt und bilden in Ruhelage immer wieder deutlich unterscheidbare Fraktionen. Der ABB-Konzern beispielsweise, Ende der achtziger Jahre aus der schwedischen ASEA-Gruppe und dem schweizerischen BBC-Konzern entstanden, ist vergleichsweise schnell zu einer chemischen Lösung geworden. Ob das bei den neueren Elefantenhochzeiten, zum Beispiel der Fusion von Daimler und Chrysler, funktioniert, scheint fraglich. Die einen machen Miese (Chrysler), und die anderen sind deshalb ungehalten (Daimler). Aktionäre fühlen sich falsch informiert, und wenn es viele davon gibt, dann steht das auch in der Zeitung.

Zwei von drei Fusionen gehen schief

Schon auf die Kunst, ein neu erworbenes Unternehmen reibungslos in den eigenen Konzern einzugliedern, verstehen sich die wenigsten Führungskräfte. Und nachweislich gehen auch zweikommafünf von drei Fusionen schief. Denn das Verschmelzen von Unternehmen ist eine Wissenschaft für sich: Die erhofften Vorteile aus dem Verbund, die positiven Synergieeffekte, wollen sich partout nicht von selbst einstellen. Unternehmensberater propagierten deshalb Ende der achtziger Jahre ein Suchraster, mit dem Synergien gezielt erschlossen werden können.

Die Frankfurter Mangement-Consultants Hirzel, Leder & Partner rührten 1988 die Werbetrommel für das von ihnen entwickelte Synergiemanagement. Ihre Antwort auf die Frage, warum Unternehmensehen ebenso oft scheitern wie die von Müllers und Meiers, lautete: »Die vermeintliche Position der Stärke nach einer Fusion macht nachlässig, und so erweist sich Größe rasch als vergänglicher Vorteil.« Und, schlimmer noch: »Manager sind unfähig, Synergiepotenziale überhaupt zu erkennen.« Deshalb rieten die Berater zur kritischen Selbstbetrachtung und Konzentration auf diejenigen Geschäftsfelder und Funktionen, in denen der jeweilige Partner stark ist. Daneben sollten Produkte und Dienstleistungen beider Partner nach der Verschmelzung weitgehend angepasst und standardisiert werden (1), der Know-how-Transfer beschleunigt (2), die Produkte und Dienstleistungen wechselseitig unterstützt (3), die Prozesse und Verfahren angeglichen (4), Wissensvorsprünge ausgeglichen (5) und die wechselseitige Ergänzung von Verfahren und Funktionen angestrebt werden (6). Synergiemanagement in sechs Parallelschritten – andere Berater nannten es Akquisitionsmanagement oder Joint-Venture-Management – unzählige Topmanager strebten nach solch eingängigen, konfliktfreien Lösungen. Lösungen?!

Drum prüfe, wer sich ewig bindet

Auch die Harvard-Professorin Rosabeth Moss Kanter glaubte erkannt zu haben, warum so viele Unternehmenszusammenschlüsse scheitern. »Wenn es um die Kandidaten einer möglichen Partnerschaft geht, wird allzu oft unnötig viel

Zeit darauf verwandt, die finanziellen Kriterien zu prüfen; besser wäre es, eine solche Kooperation in erster Linie unter menschlichen Vorzeichen zu sehen«, schrieb Moss Kanter im *Harvard Business Manager* (2/1995). Mit typisch weiblichem Gespür für Beziehungen entdeckte sie, dass Unternehmensallianzen ähnliche Phasen durchliefen wie zwei Menschen in einer Ehe: Umschau nach dem Wunschpartner, die Werbung um ihn, Verlobung, Heirat, Gründung eines gemeinsamen Hausstandes – in der sechsten Phase verstehen sich die Partner dann wirklich gut, oder sie lassen sich scheiden.

Die Wissenschaftlerin, die – hüstel, hüstel – im Nebenjob für die US-Beratungsgesellschaft Booz, Allen & Hamilton tätig war, verkündete den Managern deshalb eine völlig neue Allianzstrategie, die sich am ehesten mit den Worten »Drum prüfe, wer sich ewig bindet« beschreiben lässt. Wenn zwei Firmen ineinander aufgehen sollen, müsse nun mal die Chemie stimmen. Moss Kanters Lehre vom Management einer Unternehmensallianz gipfelt in dem Satz: »Ein gutes Verhältnis zwischen Firmenchefs, das auch persönliche und gesellschaftliche Interessen einschließt, kann eine geschäftliche Übereinkunft begünstigen oder scheitern lassen.« Hätten Sie das für möglich gehalten?

… und was steckt dahinter?

Wir verkaufen weder Fusions- noch Eheberatung. Darum sagen wir, wie es wirklich ist: Wenn sich Frau Meier mit Herrn Schulze ehelich verbündet, kann keiner der beiden darauf vertrauen, dass (1) das Bündnis bis in alle Ewigkeit hält und (2) es irgendwelche Vorteile für beide Partner bereithält. Genau deshalb beschließen die beiden klugerweise vorher, ein paar Jahre ohne Trauschein zusammenzuleben. Sollte Frau Meier in dieser Zeit herausfinden, dass sie ohne Herrn Schulze besser oder zumindest nicht schlechter klarkommt, so wird sie sich von ihm trennen. Sollte Herr Schulze entdecken, dass ihn Frau Meier einengt oder dass sie ihm einfach nur auf die Nerven geht, so wird er Abstand von einer Heirat nehmen. So einfach ist das, jedenfalls bei Meiers und Schulzes.

Bei Unternehmen, über deren Geschicke meistens angestellte Führungskräfte befinden, ist das ganz anders. Eine kleine Geschichte wird dies beweisen.

Geschichten, die das Leben schreibt

Karl E. Meier, Vorstandschef der Icks Übsilon AG, beschließt nach professioneller Beratung und ausgiebigen internen Diskussionen mit seinen Vorstandskollegen, den Aktionären der Zett AG ein Übernahmeangebot zu machen. Die Zett AG ergänzt nämlich das Produktportfolio der Icks Übsilon AG erstens vortrefflich, zweitens ist Zett in exakt solchen Ländern vertreten, in denen Icks Übsilon nicht präsent ist, und drittens antichambriert Walter F. Schulze, der Vorstandschef der Zett AG, seit Monaten beim Hauptaktionär der Icks Übsilon AG – der Allgemeinwohl-Versicherungs-AG –, um deren Interesse an einem Aktientausch zu eruieren.

Seitdem Meier nun aus sicheren Quellen erfahren hat, dass Schulze als Keynote Speaker zum Kundenabend der Allgemeinwohl-Versicherungs-AG geladen wurde, weiß er um die Eilbedürftigkeit der Angelegenheit. Zwei Tage vor besagtem Kundenmeeting legt er seinem Aufsichtsrat die schlüssigen Expertisen vor und bittet um Startgenehmigung für den Takeover. Der Aufsichtsrat gibt grünes Licht, und Meier legt los.

Ein schlauer Plan

Aktienübernahmeangebot an alle Aktionäre (zwei Mark über Börsenkurs plus Umtauschoption in Icks-Übsilon-Papiere) und an den Vorstand der Zett AG (»… fühlen wir uns Ihrer Zustimmung gewiss …«); konspiratives Geplauder ohne bewusste Touchierung der Insider-Regeln mit dem Chefredakteur eines Börsenmagazins; erste Kontaktaufnahme mit einem auf Zett-Vorstände spezialisierten Outplacement-Experten; höflich formulierte Einladung zum privaten Abendessen (» … meine Gattin begeht ihren 50. Geburtstag …«) an Walter F. Schulze; nicht minder höflich, aber diesmal wirklich von Herzen formulierte Absage an denselben just einen Tag vor dem Ereignis (»… müssen wir leider bedauern … bitten wir um Ihr Verständnis, dass Ihre verspätet eingetroffene Zusage …«); erneuter Brief an die Aktionäre (»… fühlen wir uns verpflichtet, den zukünftigen Anstieg des Börsenkurses mit plus drei Mark zu honorieren …«); sensibler Hinweis an den Vorstandschef der Allgemeinwohl-

Versicherungs-AG, dass die Tochter Zett AG demnächst wohl zu einer Portefeuillebelastung werden würde (»… mein Freund, der Chefredakteur eines Börsenmagazins, deutete so etwas an …«); – drei Wochen später Verkündung des geschlossenen Deals in allen einschlägigen Wirtschaftspublikationen, allen voran das besagte Börsenmagazin.

Meier führt, klar, den Vorstand der neu gebildeten Icks Zett AG an; Schulze wird sein Stellvertreter. Schulze wahrt tapfer das Gesicht, wirft vier Monate später den Krempel hin, und Meier bedauert gegenüber seinem Aufsichtsrat, dass »Schulze den neu erworbenen globalen Kontext unserer Gesellschaft nicht angemessen zu würdigen gewusst« habe.

Wer zahlt, hat das Sagen

Im Hintergrund geschah indes Folgendes: Zwei Wochen nach Bekanntgabe der Fusion verordnete der Organisationschef der Icks Übsilon AG per Memo den Zettlern das Ende von deren internem E-Mail-System. Künftig sei nur noch die bewährte Icks-Übsilon-Technik zu verwenden. Die Mitarbeiterzeitschrift der Zett AG (Titel: »Z wie Zukunft«) wurde eingestellt. Die fusionsbedingte Reorganisation beförderte, welch Wunder, überwiegend Übsiloner an die Spitze und die Zettler auf den Arbeitsmarkt.

Die Übsiloner fanden, völlig zu Recht, dass sie die Gewinner des Deals seien, und die Zettler fühlten sich, ebenfalls der Wahrheit entsprechend, als Verlierer. Es rumorte in allen Betriebsteilen, die Gerüchteküche brodelte, die frustrierten Zettler traten stillschweigend in einen Bummelstreik und schimpften, vorzugsweise den Kunden gegenüber, über die »arroganten Heinis der Icks Übsilon AG, die uns gekauft haben und dabei keine Ahnung vom Geschäft haben«.

Es kam, wie es kommen musste: Schon die ersten Quartalsergebnisse blieben weit hinter Plan zurück, und der mehrheitlich aus Meiers Mannen bestehende Vorstand zog lange Gesichter. Nur Meier lächelte still vor sich hin. Meier hörte nicht mehr auf seine Berater.

Denn was hätte Meier nach Meinung der Synergieberater besser tun sollen? Er hätte natürlich sofort nach dem Zusammenschluss ein Beraterteam mit der unternehmenskulturellen Glättung der Fusion beauftragen sollen. Einige Dutzend Consultants und beigeordnete Associates hätten vermutlich genügt, um einen Katalog der dringlichsten Informations- und Kommunikationsmaßnahmen zu entwickeln.

Beispielsweise hätten sich Meier und Schulze bereits am Tag der Eheschließung in sämtlichen Niederlassungen beider Gesellschaften den Mitarbeitern vorstellen sollen; eine rasch erworbene Cessna (Buchungskonto: Aufwendungen im Zusammenhang mit der Fusion) hätte die Transaktionszeiten auf ein Minimum verkürzt.

Auch abendliche Informationsveranstaltungen in den Werkshallen, für läppische 150.000 Mark, attraktiv arrangiert von einer Event-Agentur (mit Volkstanz und heißen Würstchen!) hätten die Mitarbeiter flugs einander näher gebracht. Eine aus Vertretern sämtlicher Abteilungen gebildete Task Force hätte unter fachkundiger Leitung der Berater eine neue Mitarbeiterzeitung oder einen Videofilm konzipieren können. Damit hätten die negativen Gefühle der Zettler mit Leichtigkeit in Begeisterung und Engagement für das große Ganze verwandelt werden können.

Warum lächelte Meier?

Hätte, hätte, hätte …, all das hat Meier eben nicht gemacht. Und weil das die meisten übernehmenden Manager nicht tun, gehen so viele Akquisitionsprojekte und Firmenzusammenschlüsse schief. Das jedenfalls sagen Berater und Managementtheoretiker.

Was sie hingegen elegant unter den Tisch fallen lassen, sind die Kosten. Die Kosten für die konsultative Fusionskonzeption und -Implementation, die Kosten für die Cessna, den Videofilm und die Mitarbeiterzeitung sowie die Kosten des diskussionsbedingten Arbeitsausfalls der Betriebsmultiplikatoren in irgendwelchen Kommunikationsworkgroups. Nicht zu vergessen: die Würstchen. Bleibt festzuhalten: Die Gesamtaufwendungen solch propagierten und in Szene gesetzten Synergiemanagements können leicht die Gewinne mehrerer Quartale auffressen, soweit vorhanden. Und jetzt wissen Sie, warum Meier lächelte.

10 Auf nichts ist Verlass

Label und Herkunft:

Change Management, Veränderungsmanagement; Arthur D. Little und andere
Journey Management; Accenture
Business Transformation; Gemini Consulting
Paranoisches Veränderungsmanagement; Tom Peters

Auf dem Weg in ein neues Jahrtausend zwang der immer stärkere Wettbewerbsdruck die Unternehmen, ihre Ziele und Strategien fortwährend neu zu überdenken und zu variieren. Denn alles um uns herum veränderte sich in rasantem Tempo. Heute, im Internet-Zeitalter, ist alles noch viel hektischer. Politische Entscheidungen halten kaum länger als eine Legislaturperiode; die gesellschaftlichen Strömungen mäandrieren heftig zwischen kollektivem Phlegma und partialinteressiertem Protest; die Umwelt holt mit Überschwemmungen und BSE zum großen Vergeltungsschlag aus. Die Weltbörsen sind nervöser; das internationale Kapital trifft man am ehesten in den Computernetzen an; in wachsendem Tempo lösen neue Produkte, neue Verfahren und neue Anbieter das gestern auf den Markt Gebrachte ab. Und mit den Chancen auf den internationalen Märkten ist es wie mit dem Geldstück im Hütchenspiel: Kaum meint man, es erspäht zu haben und will zuschnappen – da, zack, sitzt es schon an einer ganz anderen Stelle.

Der Wandel ist überall

Es gibt keine Refugien mehr, in denen die Menschen ein wenig verschnaufen können. Stattdessen gibt es einen globalen Konsens über die Existenz des stetigen Wandels. Manager und Unternehmer interpretieren den Wandel (engl.: change) primär als permanente Veränderung der wirtschaftlichen Rahmenbedingungen, und das macht ihnen Angst. Das ist auch vollkommen verständlich, denn wenn Geschäftsführer Mackenthum weiß, wo er heute steht, aber keine Ahnung hat, wo er künftig stehen wird, dann verheißt dies für ihn einen

Sprung ins Ungewisse. Weil man sich dabei aber, zumal als unsportlicher Mensch, alle Knochen brechen kann, braucht Geschäftsführer Mackenthum Hilfestellung. Erstens braucht er jemanden, der ihm rät, wohin er springen soll, also Marktauguren, Wirtschaftsweise, Zukunftsspäher und Trendgurus. Und dann braucht er noch jemanden, der ihm beim Sprung unter die Arme greift.

Und wer könnte das besser als diejenigen, die den permanenten Wandel überhaupt und als Allererste entdeckt haben?

Das Change Management entdeckte zu Beginn der neunziger Jahre das Licht der sich immer schneller verändernden Welt. Es sollte das Grundübel der ständig verspäteten Reaktion durch vorzeitige Aktivierung der Veränderungsbereitschaft im Unternehmen beseitigen: Handeln, bevor unbedingt gehandelt werden muss. Change Management hat das Lernziel, den Wandel als Chance zu begreifen, und zu diesem Behufe wollen seine Protagonisten den Unternehmen beibringen, wie diese die Lernbereitschaft, die Lernfähigkeit und die Lerngeschwindigkeit ihrer Organisationen steigern können.

Change Management – es ist ganz einfach

Veränderungsvorhaben vollziehen sich in den meisten Unternehmen nach einem bestimmten Muster. An dieser Stelle möchten wir doch – im Sinne angewandter Leserorientierung – einen ungefähren Eindruck von der ungeheuren Komplexität dieses im Grunde unbeschreiblichen Vorhabens geben. Und so wird's gemacht:

- Jedes anständige Change-Projekt braucht einen Namen. Den Turnaround bei Philips taufte Gemini Consulting anspruchsvoll »Centurion«; das gleiche Unterfangen der gleichen Berater hieß beim französischen Softwarehaus Cap Gemini optimistisch »Genesis«; beim Keksmulti Bahlsen betreute Andersen Consulting (heute Accenture) das Mega-Projekt »Impetus '98«.
- Danach durchforsten die Berater das Unternehmen, studieren bedrucktes Papier und interviewen die Führungskräfte. Aus dieser Analyse ergibt sich das Design des veränderten Unternehmens und das ungefähre Ausmaß der Beratungsrechnung.

- Nun wird das große Change-Projekt in viele kleine Change-Projektchen portioniert. Praktisch bekommt jede Abteilung ein eigenes.
- Die in jedem Teilprojekt notwendigen Veränderungen werden von separaten »Work Groups«, »Steering Committees« oder »Project Teams«, in denen unter Leitung eines Beraters die wichtigsten Mitarbeiter der Abteilung sitzen, ausgedacht. Während dieser Zeit kommen die Leistungsträger zu nichts, schon gar nicht zur Arbeit.
- Um alle Mitarbeiter auf die Projekte einzuschwören, wird ein Kommunikationsteam ins Leben gerufen. Das Team bringt eine Zeitung oder einen eigenen Online-Dienst im Intranet heraus, der die Basis regelmäßig über den Projektfortschritt informiert. Damit wäre dann die gesamte Belegschaft im Ausstand.
- Damit auch das Management etwas zu tun hat und die Consultants nicht ständig von der Arbeit abhält, reist es mitunter wochenlang durch die Konzernwelt und hält das Personal in der Diaspora bei Laune.
- Wenn die Work Groups präsentable Ergebnisse ausgetüftelt haben, werden diese in mehrtägigen Veranstaltungen in der Konzernzentrale oder in einem schönen Hotel auf dem Lande den Mitarbeitern vorgestellt.
- Schließlich geht es an die Umsetzung. Weil inzwischen aber kaum ein Mitarbeiter mehr weiß, wohin er sich denn konkret verändern soll, verändern sich viele erst einmal aus dem Unternehmen heraus und kündigen. Einige andere, so die bedauerliche Analyse, können die anstehenden Changes leider rein qualifikationsmäßig nicht mitvollziehen und werden freigesetzt …
- … und damit haben Kunde und Consultants genau das erreicht, was den Veränderungsprozess erfolgreich werden lässt: Die Belegschaft ist um 15 Prozent geschrumpft, die Kosten sinken, das Management ist aus dem Schneider und die Berater haben ihren Job gemacht.

»Agieren statt reagieren«

Das mit der geschrumpften Belegschaft sagt natürlich keiner so direkt. »Agieren statt reagieren«, so lautet die Botschaft der Unternehmensberatung Arthur D. Little (ADL), seinerzeit einer der eifrigsten Verfechter des Change Managements. Denn, klar, der Wandel in Gesellschaft, Wirtschaft und Technologie erfordere neue Strategien. Um weiter erfolgreich zu sein oder um es überhaupt zu werden, sollten die Unternehmen

- die Potenziale des Marktes früher als andere erkennen,
- ihre unternehmerischen Chancen konsequent nutzen,
- mehr Sensibilität entwickeln und
- Wettbewerbsvorteile durch Initiierung des Wandels realisieren.

Gegen keinen einzigen Punkt dieses Pflichtenheftes wird ein Manager Einspruch erheben, denn das alles klingt nicht nur plausibel, es ist es auch. Wer, ganz unabhängig vom allgegenwärtigen Wandel, das Potenzial seiner Märkte nicht kennt, seine Chancen nicht nutzt und keinerlei Antenne fürs Geschäft besitzt, der ist ein sicherer Kandidat für den Konkurs. Das war schon immer so.

Nehmen wir also nochmals die Broschüre der Berater in die Hand; vielleicht haben wir ja doch die entscheidende Stelle übersehen. Weiter unten steht, dass die Komplexität dieser Aufgabe nach neuen Wegen verlangt. Und für die Entwicklung zukunftsorientierter Strategien sei interdiziplinäre Zusammenarbeit notwendig. Und dabei steht Arthur D. Little gern zu Diensten.

Die Berater erläutern auch gleich, warum sie diese Hilfestellung so trefflich leisten können: »Arthur D. Little verfügt über ein ausgefeiltes Instrumentarium zur Entwicklung maßgeschneiderter Problemlösungen und ihrer Umsetzung in der betrieblichen Praxis.« Als potenzieller Kunde nehmen wir überdies mit Interesse zur Kenntnis, dass ADL über »qualifizierte Projektteams« verfügt, selbstverständlich mit »langjähriger Industrie- und Management-Kompetenz«, und dass der Sinn der Übung in der Verbesserung unserer Position in ausgewählten Geschäftsfeldern zu sehen sei.

Singsang über Yin und Yang

Weil sich die international renommierte und wirtschaftlich außerordentlich erfolgreiche Consultancy damit allein nicht besonders vom Wettbewerb abhebt, versorgt sie die geneigten Leser am Rande mit fernöstlichen Weisheiten zum Thema ewiger Wandel: »Yin und Yang, die unergründlichen Gegensätze, die ohne einander nicht existieren können, erzeugen in ihrem endlosen Gegenspiel Schwingungen und Wellen, die eine permanente Bewegung und ständigen Wandel bewirken. Veränderungen entstehen auch beim Mikadospiel, wenn sich zufälliges Chaos in eine verborgene, schöne Ordnung wandelt. Der Reiz des Spiels wird dadurch erhöht, dass jeder Mitspieler versucht, zuerst die Stäbe mit der höchsten Punktzahl zu erlangen.«

O ja, das ist lustig. Hinzuzufügen ist allenfalls, dass immer der Berater den Stab mit der höchsten Punktzahl zieht. Er schreibt schließlich die Rechnung. Deshalb vergisst ADL auch nicht, die Bedeutung des teuersten Stabes, des Mikado, herauszustellen. Sie sind schon Meister der Symbolik, die Japaner.

Beim Mikado ein paar Mark zu gewinnen, hat der amerikanische Managementguru Tom Peters längst nicht mehr nötig. Peters lässt einfach jeden Einfall, der ihn in der Badewanne, im Büro oder beim Bier mit Freunden ereilt, in Buchform herausgeben. Den Rest erledigt die Nachfrage, und die ist bei Tom Peters in der Regel gewaltig. Denn die Bücher des Amerikaners lassen sich ebenso schnell und genüsslich verschlingen wie Comics oder Gummibärchen. Sie haben allerdings auch einen vergleichbaren Nährwert.

Chaoten an die Front!

Eines seiner Werke zum Thema Veränderungsmanagement (»Das Tom Peters Seminar. Management in chaotischen Zeiten«) ist als Buch, als Hörspiel auf Kassette, als Video und wahrscheinlich auch als T-Shirt erhältlich. Peters vertritt darin die fatalistische Überzeugung, angesichts des Tempos des allgemeinen Wandels doch gleich jeden Versuch einer Betriebsorganisation vergessen zu können. Mit anderen Worten: Nach Meinung des ausgewiesenen Ökonomen und Unternehmensberaters sollte man der Unruhe des Unternehmensumfeldes mit internem Chaos begegnen. Er empfiehlt die Rekrutierung verrückter Manager und prophezeit das alleinige Überleben der Paranoiker. Achselzuckend folgt die Begründung: »Crazy Times call for Crazy Organizations.«

Es ist nämlich genau die hektische Betriebsamkeit, die laut Peters den Erfolg eines Unternehmens in diesen wechselvollen Zeiten garantiere. Weil sich das Management nicht gegen die Veränderung stemmen könne, solle es einfach alles über Bord werfen, was ihm Organisationslehre und Lebenserfahrung all die Jahre hindurch nahe gelegt haben. Dann erst seien Unternehmen in der Lage, Produkte herzustellen, die Spaß machen. Und nur darauf komme es heute an.

Chaos? Paranoia?? Spaß??? Kein Unternehmer auf der Welt bezahlt seine Berater dafür, dass diese ihm fröhlich beizubringen versuchen, Spaß zu haben. Ganz im Gegenteil, meinten Ende der neunziger Jahre die Berater von Andersen Consulting (heute Accenture), das Management des Wandels sei eine ernsthafte, ja überlebenswichtige Angelegenheit. »Change Management bedeutet stringentes Vorgehen. Es fordert harte Arbeit und verlangt nach konsequenten Aktionen.« Und weiter, ganz apodiktisch: »Organisationen und Mitarbeiter, die sich nicht ändern wollen, brauchen Change Management nicht.«

Andere meinen es ernst

Change Management setzt bei der Identifikation der strategischen Ziele an: Wo will das Unternehmen in, sagen wir, zehn Jahren sein? Welche erkennbaren technologischen Entwicklungen wirken auf dieses Ziel ein? Welche Rolle spielt die zunehmende Globalisierung der Weltmärkte dabei? Und wie wirkt sich der akzelerierende Wissensverfall, die rapide wachsende Flut neuer Informationen auf das strategische Ziel aus? Aus der Gewichtung und Bewertung all dieser Daten, Einschätzungen und Prognosen kristallisiert sich, so die Theorie, nach und nach das strategische Ziel des Unternehmens heraus. Im nächsten Schritt geht es dann um die Frage: Wie erreichen wir dieses Ziel?

Andersen Consulting bot und Accenture bietet sich als Begleiter auf dieser Reise ins Ungewisse an, und als unentbehrliches Necessaire haben die Guides ihr Modell »Journey Management« im Reisegepäck. Mit Journey Management kann die Komplexität des Wandels verdichtet und dargestellt werden, um den Change-Prozess letztlich operabel werden zu lassen. Got it?

Journey Management

Journey Management beginnt bei der Erkenntnis, dass sich Veränderungen stets auf zwei Ebenen abspielen: auf der Makro-Ebene (Unternehmensleitung) und auf der Mikro-Ebene (Mitarbeiter). Von der Makro-Ebene erwarten die Berater das begeisterte »Auf, auf!« zum Wandel, von der Mikro-Ebene Empathie, Toleranz oder zumindest keinen offenen Widerstand.

Im zweiten Schritt differenzieren die Consultants nach einem Angebot an Veränderungsinitiativen (»Können«) und der Nachfrage nach Veränderungen (»Wollen«). Soll heißen: Das Management entwickelt eine Menge Ideen, wie sich die Organisation ändern kann; die Beschäftigten überlegen anschließend, ob sie mitmachen wollen.

Aus den Resultaten der Schritte 1 und 2 konstruieren die Analytiker von Accenture einen Algorithmus. Die mögliche Veränderungsleistung ergibt sich danach als Produkt der vier Multiplikatoren:

Können (Fähigkeit zur Veränderung) × Wollen (Demotivation ausräumen) × Dürfen (Freiheit der Entscheidung) × Möchten (sich gut dabei fühlen) = Veränderungsleistung.

Fraglos bringen die Berater nicht das ganze, umfängliche Veränderungsgeschehen auf diese kurze Formel; das Modell ist weitaus komplexer. Aber so ist das schließlich auf Reisen. Das Necessaire enthält immer nur das wirklich Entscheidende: Rasierzeug, Seife und Kondome.

… und was steckt dahinter?

»The times they are a changin'«. Diesen bedeutungsschweren Satz krächzte der amerikanische Barde Bob Dylan in den späten sechziger Jahren. Offensichtlich erreichte die Message seinerzeit noch nicht alle Chefetagen. Anders lässt sich der Verkaufsboom des Produktes Change Management im Grunde nicht erklären.

Wenn sich nämlich die Zeiten ändern, und das immer wieder, dann muss sich – denkt man in Absatztermini – mindestens der Name des Produktes ändern, mit dem ein Unternehmen den bösen Gezeiten trotzen kann. Denn welcher Geschäftsführer gibt schon gutes Geld für etwas aus, was seine Vorgänger bereits anno 1954 resp. anno 1974 als Dernier Cri gepriesen haben?

Geschäftsführer Mackenthum aber hat *heute* Probleme, seinem Beirat eine plausible Antwort auf die Frage zu geben: »Und wie wollen Sie das Unternehmen in die Zukunft steuern?« Deshalb opfert er einen halben Arbeitstag und lädt die Consultants zur Präsentation. Die übliche Folge: Nach dem Meeting weiß er, dass er (a) ein ganz besonders schwer wiegendes Problem hat, (b) dieses eine ganz besondere Herausforderung für die Berater darstellt und dass (c) die Berater alles, aber auch alles daransetzen würden, ihm, Mackenthum, aus der Patsche zu helfen. »Ich bin für die Jungs strategisch wichtig«, frohlockt Mackenthum, »also denken die an meinen Profit und wollen nur mein Bestes.«

Selbstverständlich denken die Berater an den Profit und wollen nur sein Bestes haben.

The early bird gets the worm

Hätte der Geschäftsführer zwischen den wohlformulierten Sätzen und den gestylten Charts ein wenig nachgedacht, so wäre er möglicherweise zu der Einsicht gelangt, dass er dem permanenten Wandel durchaus mit eigener Kraft Paroli bieten könnte. Der intellektuelle Inhalt der Mogelpackung lässt sich auf eine in England jedem Kind bekannte Weisheit reduzieren: Der frühe Vogel fängt den Wurm. Wer sich auf seinen Lorbeeren ausruht und zu spät mitkriegt, dass rings umher alle Lorbeerbäume abgeholzt werden, bekommt Probleme. Unternehmen müssen immer ein Ohr am Markt haben, denn der Wettbewerb schläft nie.

Um jenem Erkenntnisschub bei der Klientel vorzubeugen, bedienten sich Berater wieder bei Bob Dylan – freilich ohne es zu ahnen. In dem bereits weiter oben erwähnten Song heißt es nämlich auch »… and don't criticize what you can't understand …«. Auf Deutsch: Niemand hat zu nörgeln, wenn ihm der Durchblick fehlt. Aber genau jenen Durchblick zu vernebeln, gehört zu den hervorragendsten Fähigkeiten des akademisch gebildeten Beraters.

Um einerseits die Methodik von störenden Faktoren zu entkoppeln, andererseits der Klientel jede Möglichkeit zu einem Anfall von Verständnis zu nehmen, gebar die Managementmethoden-Industrie den Begriff Change Management. Damit war eine jener Phrasen auf dem Tisch, bei denen der Manager angesichts des erläuternden Beraters nicht mehr geistesabwesend »genau« murmelte, sondern sogar noch versuchte, mit seinem Gesichtsausdruck eine Mischung von Problembewusstsein und lösungsorientiertem Nachdenken zu vermitteln. In Wirklichkeit fragte er sich natürlich: »Was um Gottes willen ist das?«

Links, rechts – ganz egal

Tatsächlich segeln unter der Flagge Change Management die üblichen Klassiker der Betriebswirtschaftslehre. Ebenso wie bei dem seit Jahrzehnten jedem BWL-Anfänger sattsam bekannten Herrn Professor Wöhe werden beim Change Management Organisation und Logistik entschlackt, Informationssysteme effizienter gestaltet, Produktion und Forschung optimiert, Mitarbeiter motiviert und die Zukunftsmärkte nach Kräften ausgespäht.

Eines allerdings ist wirklich neu beim Change Management. Es bewältigt nämlich nicht nur eingetretene Veränderungen, sondern legt das Ruder schon um, bevor die Welle am Horizont auftaucht. Zwar weiß noch niemand, woher die Welle kommt, wie hoch sie ist und ob sich das Schiff für sie interessieren muss – aber der Kurs wird mit der Ruderbewegung verändert. Jeder Steuermann eines panamesischen Seelenverkäufers würde für solches Verhalten auf der Stelle den Haien übereignet.

Vielleicht wollte Tom Peters mit seinem Plädoyer für den paranoiden Dadaismus im Unternehmen genau das sagen. Vielleicht betrachtet er seine im Übrigen ausgesprochen unterhaltsamen Empfehlungen als Satire und ist über die Ernsthaftigkeit, mit der ratlose Manager seinen Rat in die Praxis umsetzen, schwer erschüttert. Wir glauben das eigentlich nicht. Doch wenn dem so ist, können wir Peters zumindest Fahrlässigkeit vorwerfen.

Gäbe es die Berater nicht – wer erinnerte uns an unsere Vergänglichkeit, an Ende, Vergessen und Staub? Wir leben in bewegten Zeiten. Alles fließt oder verändert sich wenigstens flink. Kein wirtschaftliches Rahmendatum hat noch lange Bestand. Nichts ist beständig außer dem Wandel. Jeder neue Tag bringt Veränderungen mit sich. Man gewöhnt sich daran.

11 It's Team Time

Label und Herkunft:

Team Management, Management by Task Force, Chancenmanagement; UBM Management Consulting

Mit dem Verweis auf strategische Leistungen der Vorzeit, wie beispielsweise der Bau der Pyramiden im alten Ägypten, wird die Unternehmensführung von Kritikern gelegentlich als alte Kunst unter neuem Namen bespöttelt. Die Probleme der Manager hätten allenfalls insofern zugenommen, als die Arbeiter unserer Zeit nach komplizierteren Spielregeln agieren. Seitdem sich Menschen mit der Entwicklung von Organisationen beschäftigen, werde im Grunde stets über dieselben Probleme nachgedacht: Es gehe um Führung und Motivation (unter welchem Label auch immer), um die Gleichung »Zeit ist Geld«, um die Optimierung technischer Abläufe und um die Steigerung der Produktivität.

Über Sinn und Zweck der ägyptischen Pyramiden gibt es verschiedene Theorien. Über Wert und Nutzen modernen Managements ebenfalls. Die heutigen Pyramidenbauer verkünden es gern als ihre Aufgabe, einen Leistungsbeitrag für die Gesellschaft zu erbringen. In Wirklichkeit geht es ihnen natürlich erst einmal um die größte und schönste Pyramide, sprich: den Wertzuwachs im eigenen Unternehmen. Den erreicht man bekanntermaßen nur durch die Steigerung des Leistungsvermögens der Mitarbeiter. Die Frage ist nun, wie man es schafft, deren Leistung zu steigern. Und die Frage stellten sich schon die alten Ägypter.

Das wusste schon Ramses

Die Antworten hatten Ramses & Co. auch. Sie reichen von komfortableren Arbeitsbedingungen über bessere Bezahlung bis zur Personalpolitik. Entweder sucht man Mitarbeiter aus, die bereits über die für die jeweilige Aufgabe erforderlichen Fähigkeiten verfügen, oder man trainiert die erforderlichen Fertigkeiten, oder man passt die Aufgaben der Quantität und Qualität der vorhandenen menschlichen Ressourcen an.

Ist dieser erste Schritt getan, muss nur noch eine Karotte ausgewählt und offeriert werden, die süß genug duftet, um den Esel auch über längere Strecken voranzutreiben.

Seit den berühmten »Hawthorne-Studies« der zwanziger Jahre und ihrer wissenschaftlichen Auswertung in den Dreißigern hat sich die Erkenntnis durchgesetzt, dass die Leistungsbereitschaft am Arbeitsplatz vor allem durch Affinität zur Arbeit und das Gefühl, ernst genommen zu werden, geprägt wird. Sie lässt sich durch Lenkung und Kontrolle allein nicht steigern. Eine Folge der Experimente im Hawthorne-Werk der Western Electric Company war der Bruch mit der bis dahin vorwiegend mechanischen Sicht von Organisationen als simple Strukturen, die aus aufeinander folgenden Handlungsabläufen gebildet sind.

Max + Moritz = Team

Seither fahndet man in verschiedenen Ansätzen danach, diese Erkenntnis zu nutzen. Entweder wird versucht, Arbeitnehmer zu besseren Leistungen zu »motivieren« (siehe Kapitel 2), oder man bemüht sich, die Rahmenbedingungen so zu verändern, dass der Output gewissermaßen automatisch wächst. Seit die Motivationsforschung der Natur menschlicher Bedürfnisse und Zielsetzungen auf der Spur ist, werden ihre Ergebnisse auch in Studien zur Organisationsentwicklung integriert. Warum sollte man Managementprozesse auch nicht durch die Nutzung psychologischer Erkenntnisse verbessern können? Schließlich geht es ja immer um Menschen in der Gruppe. Und was hätte Max ohne Moritz angestellt?

Die Koordination von Muskelkraft stellt gleichermaßen ein organisatorisches wie ein psychologisches Problem dar. Sämtliche Projekte im Betriebsalltag erfordern sowohl einen strategischen Ansatz – beginnend mit der Entscheidung, wer mit welcher Teilaufgabe beim Bau des Gesamtkunstwerks betraut werden soll – als auch eine effiziente Umsetzung. Sobald aus einer kleinen Firma, in der sich noch alle Mitarbeiter gut kennen, ein größerer Betrieb mit autonomen Unternehmensbereichen geworden ist, nimmt zwangsläufig auch die Spezialisierung am Arbeitsplatz zu – bei gleichzeitig abnehmender allgemeiner Kommunikation. In seiner Funktion als Manager hat der heutige Baumeister daher die zuweilen undankbare Aufgabe, Mitarbeiter daran zu hindern, sich hinter ihrem engen Aufgabengebiet zu verstecken und nur an ihrem persönlichen Quader herumzumeißeln. Denn was nutzt es, dass der Klotz am Ende perfekt gestaltet ist, wenn die Rampe, mit der er in seine endgültige Position gehievt werden soll, unter der Last zusammenbricht?

Am Anfang war die Arbeitsgruppe

Wer nicht als Cheftyrann vorwiegend Kommandos erteilt und sich am liebsten um alles selbst kümmert, muss also zwangsläufig irgendwann einmal auf den Gedanken kommen, eine »Arbeitsgruppe« zusammenzustellen.

Natürlich nicht aus blanker Philanthropie, damit die Leute nicht so einsam vor sich hin werkeln, sondern aus der Erkenntnis heraus, dass kaum jemand alles machen und bedenken kann. Da ist es doch sinnvoller, sich nicht von einem einzigen Steinmetz abhängig zu machen und mehrere Menschen mit der Aufgabe zu betrauen, auf dass die Rampe die fertigen Quader auch tragen kann.

Arbeitsgruppen sind so alt wie die Zivilisation. Dachstühle oder Kirchenportale, Arenen oder Aquädukte waren schon immer das Ergebnis koordinierter Tätigkeiten. Das einzig Neue ist, dass sie seit den siebziger Jahren nicht mehr so heißen. Seither firmieren Arbeitsgruppen unter der Bezeichnung Team. Spötter halten das Wort für ein Akronym: Toll, ein anderer macht's. Aber seither wird nicht nur an einer Steigerung der Arbeitsmoral allgemein herumgedoktert, sondern, wenn irgend möglich, der »Teamgeist« beschworen.

Der in den achtziger Jahren begehrte Managertyp musste teamorientiert sein, keine Frage. Das war erst einmal kein Nachteil für Aspiranten auf die jeweilige Position, denn der Anspruch, auf allen Gebieten selbst über umfassendes Fachwissen zu verfügen, ließ sich schon längst nicht mehr halten. Wer ein Team zusammensetzt, muss nicht in allen Bereichen detailliert informiert sein: Er muss das zu erreichende Ziel vorgeben, die passenden Mitarbeiter an einen

Tisch bringen und die notwendigen Kompetenzen zur Erfüllung der Aufgabe vergeben.

Nur bunte Teams sind kreativ

Die Unternehmensorganisationen litten schon damals häufig unter mangelnder Kreativität. Ungewöhnliche Ideen wurden überdies gern durch systemimmanente Barrieren abgeblockt. Daher schien es durchaus sinnvoll, für bestimmte Projekte Teams zusammenzustellen und nach neuen Lösungsansätzen suchen zu lassen. Wenn man Mitarbeiter aus einem oder mehreren Unternehmensbereichen dazu bringen konnte, ihr Fachwissen zu bündeln, ließen sich eingefahrene Gleise eher verlassen. Projektmanagement, auch unter dem Label »Management by Task Force« gehandelt, sollte eine leichtere Durchsetzbarkeit der vorgeschlagenen Lösungen ermöglichen.

Nach anfänglicher Euphorie über den großen Wurf stieß man allerdings bald auf einige Schwierigkeiten. Teamarbeit, so stellte sich heraus, macht eine Verhaltensänderung auf Seiten der Unternehmensführung und der Mitarbeiter notwendig. Teams ließen sich einfach nicht einrichten, wenn die allgemeine Unternehmenskultur weiterhin von einem starren Hierarchiedenken geprägt war. Darüber hinaus zeigte sich im Unternehmensalltag, dass Teams nur unter Einhaltung bestimmter Regeln funktionieren.

Wer ein Team zusammenstellen muss, neigt oft unbewusst dazu, sich mit Gleichgesinnten zu umgeben. Der Spontane arbeitet am liebsten mit unkomplizierten Energiebündeln und meidet die eher zurückhaltenden, introvertierten Kollegen. Genau dieses Verhalten, betonen die Organisationsstrategen, verhindere aber eine effiziente Teamarbeit und begünstige den Misserfolg. Ein Team sei zwar in der Lage, Schwächen Einzelner auszugleichen und verschiedene Erfahrungen zu nutzen – aber nur dann, wenn es nicht aus Clones besteht.

Gefahren der Teamarbeit

Sozialpsychologen hatten schon in den fünfziger Jahren betont, dass Menschen auch in ihrem Arbeitsumfeld darauf angewiesen sind, von anderen akzeptiert zu werden. In ihren Untersuchungen kamen sie zu dem Ergebnis, dass Mitglieder einer Arbeitsgruppe Verhaltensweisen anderer Mitglieder sogar dann tolerieren, wenn sie sie selbst eindeutig für unangemessen halten (u.a. Miller/Form in *Industrial Sociology*, 1951). In diesem starken sozialen Druck liegt die zweite Gefahr der Teamarbeit. Wenn die Harmoniesucht im Team zu stark wird, neigen Teammitglieder dazu, nicht gegen die Mehrheitsmeinung zu sprechen. Insbesondere dann, wenn auch der Teamleiter diese vertritt.

Aus Angst, den heiligen Konsens und den Frieden der Gruppe zu stören, bleiben selbst sachlich begründete Einwände in der Schublade. Aus falsch verstandener Loyalität gegenüber dem Anführer des Teams oder sympathischen Kollegen werden mitunter zweifelhafte Entscheidungen einfach hingenommen. Wenn die ungeschriebene Spielregel im Team heißt: »Wir sind uns immer einig«, dann wird kreatives Ausbrechen aus den gewohnten Pfaden unterdrückt und damit der ausdrücklich angestrebte Erfolg verhindert. Der Initiator des Teams kann seine Aufgabe daher nicht als beendet betrachten, wenn die Aufgabenstellung erteilt ist. Ständiger Kontakt mit der Gruppe ist nötig, um zu verhindern, dass »ähnliche Intelligenzen zusammensitzen und ihre Einigkeit genießen« (G. Höhler, *Wettspiele der Macht*) – oder (eine weitere Gefahr) sich von einem besonders selbstbewussten Einzelkämpfer manipulieren lassen.

Der Trainer macht die Aufstellung

Die Problematik im Teamalltag blieb natürlich weder Wissenschaftlern noch Unternehmensberatern verborgen.

Beide Fakultäten machten sich auf die Suche nach griffigen Tipps zur Zusammenstellung und Überwachung des perfekten Teams. Es wurden Fragenkataloge entwickelt (Wer ist wer? Welche Ziele? Welche Bedürfnisse? Welche Ängste?), die notwendigen Tugenden definiert (Offenheit, Transparenz, Belastbarkeit, Fairness, Kommunikationsfähigkeit, Mut, Zivilcourage etc.) und Rollenspiele aufgeführt: »Wie verhalten Sie sich als Teamleiter, wenn Teammitglied Meyer grundsätzlich alle Vorschläge von Teammitglied Müller ablehnt und das genaue Gegenteil proklamiert?« – »Wie gehen Sie mit Sympathien und Antipathien um?« – »Wie schaffen Sie es, die Schweigsamen in der Runde aus der Tarnung zu locken?« – »Wie verhindern Sie, dass Kollege Schmitz durch Einschüchterungstaktik die kreative Frau Weber ständig ins Leere laufen lässt?« – »Wie unterlaufen Sie die bekannten Verzögerungsstrategien?« – »Wie gehen Sie überhaupt mit Unsicherheit um?« Und dergleichen mehr.

Manager sahen sich plötzlich mit Erwartungen konfrontiert, denen sie nicht gewachsen waren. Psychologisches Gruppentraining hatte bislang nicht auf dem betriebswirtschaftlichen Lehrplan gestanden. Und nun, auf einmal, sollte ein Manager von seinem gewohnten Selbstdarstellungskonzept abweichen und mit den neuen »weichen« Faktoren klarkommen. Gar nicht so einfach.

Häuptling und Indianer

Aber auch die Mitarbeiter im Team erkannten bald die Tücken des Systems. Gelungene Teamarbeit stärkt das Selbstbewusstsein der Teilnehmer und vermittelt das Gefühl sinnvoller Arbeit. Die gewohnten Machtstrukturen werden angeknabbert – allerdings nur für die Dauer des jeweiligen Projekts. Denn hat die selbst organisierte Einheit ihre Aufgabe erledigt und ist das Projektziel erreicht, wird wieder neu gewürfelt. Die Unternehmensleitung definiert das nächste Etappenziel, und das nächste Team muss gebildet werden. Wenn dann der momentane Teamleiter auch noch zum einfachen Projektmitglied heruntergestuft wird, brechen möglicherweise die üblichen Kämpfe um Macht und Hierarchie spontan wieder aus.

Also muss wieder neu nachgedacht werden.

Unter dem Titel *Management im Umbruch* sucht August Joas nach »Wege(n) aus der Krise«. Der Berater der UBM Management Consulting GmbH fordert ein »integriertes Managementverständnis«, das den neuen Rahmenbedingungen und Trends – Technologiedynamik, Globalisierung, Märkte im Umbruch, Umwelt, Umverteilung und neue Rollenverteilung – gerecht wird. Eine neue Managementphilosophie sei vonnöten, denn die Trends und

Herausforderungen wären so gravierend, dass sie mit den alten Paradigmen nicht mehr zu greifen seien.

Das war dann wirklich unglaublich fein beobachtet.

Unter dem Etikett »Chancenmanagement« stellt Joas den angestrebten Paradigmenwechsel vor:

- hierarchische Führung und Fremdsteuerung werden abgelöst von partizipativer Führung und Selbststeuerung in Teams,
- dauerhafte, feste Strukturen werden durch temporäre, adaptive Strukturen ersetzt, sozusagen Teamstrukturen,
- materielle Werte verlieren gegenüber immateriellen Werten an Bedeutung,
- das Primat der Ökonomie wird abgelöst vom Einklang Ökonomie, Ökologie und Ethik. Und von Teams.

Joas räumt ein, dass dieser Katalog nicht in einem großen Wurf zu realisieren ist. Wichtiger erscheint ihm jedoch »ein Ansatz, der den skizzierten Leitgedanken entspricht und Impulse für die Diskussion und Realisierung realer Veränderungsleistungen gibt«.

… und was steckt dahinter?

Ein neues Wort für Altbekanntes. Eine Chance und eine Menge Probleme …, die auch heute noch keineswegs gelöst sind. Im Gegenteil, denn das wirtschaftliche Umfeld ist ja nicht einfacher geworden. Herkömmliche Denk- und Verhaltensmuster versagen angesichts der heutigen Herausforderungen (ja, das ist Beratersprache, 'schuldigung).

Die Idee, es mal im Team zu versuchen, ist so übel nicht. Aber die Kunst der Unternehmensführung allein darauf zu reduzieren und mit nett klingenden, aber inhaltlich leichtgewichtigen Worthülsen als Managementlehre zu verkaufen, liegt voll daneben. Denn auch mit den besten Teams im Lande wird man die geänderte geopolitische Lage, das akzelerierende Innovationstempo des Internet-Zeitalters, den Wachstumsboom in Schwellenländern und die durch Umweltzerstörung entstehenden Schäden nicht in den Griff bekommen.

Darauf können Sie Gift nehmen.

12 Kreativ dem Nichts entgegen

Label und Herkunft:

Management by Chaos; Tom Peters
Netzwerkorganisation, fraktale Organisation, virtuelle Organisation, evolutionäres Management

In diesem Buch wird eine Managementmethode nach der anderen verrissen. Eigentlich ist das nicht fair. Kritik soll schließlich konstruktiv sein. Und warum hacken wir zum Beispiel auf einer so charmanten Idee wie dem »Management by Pu« (siehe Kapitel 22) herum? Wir sollten uns doch freuen, dass Unternehmensberater auch in tristen Zeiten noch Sinn für Humor an den Tag legen.

Haben wir überhaupt in einer einzigen Zeile mal an die Psyche des Consultants gedacht? Sein Job ist doch wirklich nicht das reine Zuckerschlecken. Immer wieder mit neuen Konzepten und Ansätzen um die Aufmerksamkeit von Medien und Managern ringen – das ist auf Dauer sehr dröge. Die beratende Tätigkeit als solche erfordert auch einiges. Denn die Unternehmen, die sich der Experte für Verfahrenes vorknöpft, haben ja nichts als Probleme. Und wer soll alles wieder ins Lot bringen, und wer muss sich beschimpfen lassen, wenn die Therapie nicht sofort anschlägt? Der Consultant natürlich. Deshalb soll an dieser Stelle sein Wesen etwas beleuchtet werden, bevor wir uns erneut den Ideen eines prominenten Vertreters dieser Gattung widmen.

Über den Consultant im Allgemeinen

Das typische Arbeitsumfeld des Beraters ist nicht besonders stimulierend. Man braucht eine ganz schön dicke Haut, um nicht an der eigenen Psyche Schaden zu nehmen. Gut, die Krankenschwester auf der Intensivstation muss auch viel verkraften, schließlich sterben ihr die Patienten zuweilen einfach weg. Aber ihr Beruf ist in der Gesellschaft wenigstens anerkannt, gerade weil kaum jemand ihn ausüben möchte. Der Berater hingegen, auf dessen Empfehlung hin mitunter reichlich Arbeitskräfte wegrationalisiert werden, der soll das einfach wegstecken können und dann auch noch mit der Missgunst derer klarkommen, die ihm sein Honorar nicht gönnen?

Consultants sind hoch sensibel. Der Beweis: Sie allein können die von den Weltmärkten ausgesandten schwachen Signale wahrnehmen und in einen sinnvollen Zusammenhang zum Business ihrer Klienten stellen. Weil sie, wie gesagt, hoch sensibel sind, müssen sie äußerste Disziplin aufbringen, um bei all den von ihnen aufgedeckten Schwächen, Defiziten und dem Futterneid der Ignoranten nicht in Schwermut zu versinken.

Die Erkenntnis, dass genau genommen weder TQM noch Lean Production, Kaizen oder Reengineering das Gelbe vom Ei sind, ist zumal für den jungen Berater eine starke psychische Belastung. Sicher, der Misserfolg des jeweils zuletzt implementierten Konzepts ist auf der einen Seite ja ein Segen. Denn wenn das Konzept funktioniert, könnte man ja kein neues verkaufen, den misslungenen Ansatz nicht komplett reengineeren und nie den Durchbruch zur wahren Strategie finden. Andererseits macht der im Keim angelegte Misserfolg aber auch den Stärksten irgendwann einfach mürbe.

Die Schwachen geben auf

Darf man sich da wundern, dass nervenschwache Gemüter einfach aufgeben, den Beruf wechseln und Wanderprediger werden? Nur Menschen mit wahren Nehmerqualitäten bleiben Consultants und machen weiter. In welcher Weise die harten Kerle – Mädels sind in dem Job noch immer selten – weitermachen, ist wohl abhängig vom jeweiligen Temperament und dem Grad der inneren Reife. Der Erbsenzähler kontrolliert, wie viele Verbesserungsmöglichkeiten noch unentdeckt im momentanen Trendkonzept schlummern, und stürzt sich verbissen in die Feinarbeit. Der Wagemutige reißt das Ruder völlig herum und fängt am jeweils anderen Ende des Theoriespektrums wieder an: nach Dezentralisierung die Zentralisierung und umgekehrt. Der Geniale geht in sich … und schreibt ein Buch, in dem er den angestauten Frust verarbeitet. Wenn der Zufall mithilft, kommt er noch vor dem Schlusskapitel seines fünfhundertseitigen Werkes dem Geheimnis erfolgreichen Managements näher und kann der gläubigen Anhängerschaft nun endlich die ultimative Strategie-Bibel zu Füßen legen.

Der Exzentriker verfällt naturgemäß auf eine besonders ausgefallene Lösung. Er schreibt auch ein Buch, aber ein ganz anderes. Am liebsten mehrere ganz andere, in einem Abstand von etwa einem Jahr. (Dieses Intervall hat sich aus verlegerischer Sicht übrigens als besonders günstig erwiesen.)

Wer aber darf sich als Exzentriker bezeichnen? Oldsmobile-Fahren allein reicht nicht. Der Edinburger Psychologe David Weeks hat mehr als 1000 Anwärter untersucht und ist zu folgendem Ergebnis gekommen: Exzentriker sind geradezu systematische Nonkonformisten.

Sie stellen jede »selbstverständliche« Annahme in Frage, akzeptieren nichts als gegeben, sind neugierig, idealistisch, optimistisch und folglich enorm kreativ. Der Durchschnittsvertreter dieser Gattung ist nicht nur ein glücklicherer Mensch als die meisten, weil er daran glaubt, mit seinen Ideen oder Verhaltensweisen die Menschen beglücken zu können, er nimmt auch deutlich weniger ärztliche Dienste in Anspruch als der Rest der Bevölkerung. Er ist kerngesund und ungeheuer produktiv.

Manager sind anders

Manager sind selten exzentrisch. Meist suchen sie Ordnung, Planbarkeit, Verlässlichkeit und überschaubare Strukturen. Sie werden zwar manchmal von Visionen heimgesucht, sind aber vom Typ her eher Realisten.

Das heißt aber keineswegs, dass sie nur nüchterne Lektüre bevorzugen. Ganz im Gegenteil, denn sonst hätte der Amerikaner Tom Peters 1993 kein Buch mit dem Titel »The Pursuit of Wow!« verkaufen können. Dieses Buch, in dem es um das Thema »Wow!« geht, wurde wie alle Bücher des spaßigen Exzentrikers seit »Thriving on Chaos« (1987) ein Bestseller.

Der Unternehmensberater und Alleinverkäufer des Produktes »Tom Peters« hat neuere Erkenntnisse der mathematischen Chaosforschung studiert und daraus Schlussfolgerungen für die Kunst der Unternehmensführung gezogen. Aber bevor wir darauf eingehen, erklären wir erst einmal, worum es bei der Chaostheorie *nicht* geht.

Das ordentliche Chaos

Die Chaostheorie hat nichts mit Unordnung zu tun, ganz im Gegenteil. Schon seit einigen Jahren wissen die Chaosforscher, dass ein Chaos eigentlich gar keines ist, sondern nur so aussieht. Seither fahnden sie, mit verblüffenden Resultaten, nach einem Bauplan, einer fraktalen Ordnung im scheinbaren Durcheinander. Das, was wir im allgemeinen Sprachgebrauch als »Chaos« bezeichnen, ist eine Bewegung, die nach minimaler Veränderung der Anfangswerte einen völlig unvorhergesehenen Verlauf nimmt. Kein Mensch kann vorhersagen, wie sich die Situation entwickelt. Aber so viel ist sicher: Sie entwickelt sich.

Beim Verkehrs-Chaos muss beispielsweise nur einem Autofahrer mitten auf einer viel befahrenen Kreuzung der Sprit ausgehen, vier andere Fahrer bemerken zu spät, dass sie nicht vorbeikommen, und schon ist die gesamte City für Stunden verstopft. Das bekannte Kinderzimmer-Chaos wird durch die unerwartete Addition oder Subtraktion elterlicher Zuwendung ausgelöst. Das Kind zieht sich in seinen emotionalen Schutzraum zurück und teilt seine Gefühle mit. Und zwar allen Gegenständen, derer es nur habhaft werden kann. Nach vollendeter Trauer- oder Glücksarbeit hat es dann keine Lust, aufzuräumen. Kindern macht Chaos Spaß.

Als die Mathematik endlich den Grund dafür entdeckte, dass eine minimale Ursache eine große Wirkung haben kann (nämlich den, dass die winzige Ursache lange Zeit unentdeckt bleibt), sprang Tom Peters auf den Zug. Denn die fulminante Erkenntnis lässt sich natürlich prächtig in die Lehre von der Unternehmensführung übertragen. Auch dort kann eine geringe Instabilität zu einer Fluktuation führen, die sich durch unangemessene Reaktionsweisen zum Chaos auswächst. »Der Sand im Getriebe«, der »Selbstlauf«, die berüchtigte »Eigendynamik«, die Dinge bekanntlich entwickeln können und es meistens genau dann tun, wenn niemand damit rechnet, sind nur einige Beschreibungen des Phänomens mit anderer Terminologie.

Werden zum Beispiel Kontrollmaßnahmen ergriffen, die die Eigenheiten des Systems nicht berücksichtigen, oder bleiben Ungenauigkeiten im Produktionsablauf längere Zeit unentdeckt, kann ein »Chaos« entstehen. Das ist ebenso bedauerlich wie bekannt.

Unternehmen sind öde

Was verkündet nun der hoch bezahlte US-Berater in seinem Œuvre? Chaotisches, vor allem. Peters ist der festen Überzeugung, dass »die meisten Unternehmen furchtbar öd und langweilig sind« – was ihn insofern besonders nervt, als »die Welt Kopf steht« und eine Umwälzung erlebt, wie sie nur alle zwei Jahrhunderte stattfindet: »The market is frightening, terrifying and irrational« (»Liberation Management«). Langeweile und Öde seien aber nun wahrhaftig keine Heilmittel gegen Probleme in revolutionären Zeiten.

Auch das, was alle Unternehmen anstreben, nämlich geschäftlicher Erfolg, ist letztlich von Übel. Erstens ist Erfolg sowieso reine Glücksache, nicht mehr als ein Nebenprodukt des allgegenwärtigen Misserfolgs, und zweitens macht er blind. Also muss man sich nicht nur konzentrieren (auf die Kernkompetenz), sondern »die ominösen Kräfte der Veränderung tolerieren« und »auch bereit sein, Selbstmord zu begehen« (»Crazy Times Call for Crazy Organizations«). Den Selbstmord läutet man am besten durch selbst erzeugte Katastrophen ein. Warum das so ist? Aus dem einfachen Grund, behauptet Tom Peters, weil es klüger ist, sich selbst umzubringen, als sich von anderen vernichten zu lassen.

Aber halt! Jetzt ölen Sie nicht gleich den Revolver! Ein Selbstmord ist immer nur die Ultima Ratio. Sogar Peters sieht gewisse Alternativen. Nicht in jedem Falle muss man sofort das eigene Grab schaufeln, zuweilen reicht es schon, die Hierarchie zu zerschlagen. Der US-Manager Mike Walsh ist ein Held nach Tom Peters' Herzen. Als Walsh 1987 seinen Posten bei der Union Pacific antrat, entließ er erst einmal nahezu das gesamte mittlere Management. Das hatte bis dahin »die Arterien des Unternehmens verstopft«.

»Verlieren heißt gewinnen«

Beruhigend für die Anhänger von Tom Peters ist vor allem, dass sich auch die Zeit vor dem potenziellen Suizid noch recht angenehm gestalten lässt. Dazu muss man den zweiten Lehrsatz des Meisters beherzigen, der da lautet: »Verlieren heißt gewinnen«. Das Wesen und der Motor der Marktwirtschaft, versichert Peters in verkaufsförderndem Kontrast zu sämtlichen Ökonomen seit Adam Smith, sei der Misserfolg. Ohne Misserfolg funktioniert nichts.

Als Beweis für seine These führt Peters seine Leser nach Silicon Valley, der Hightechaorta der Vereinigten Staaten: »Silicon Valley ist ein Friedhof. Die größte Stärke von Silicon Valley sind seine Fehlschläge.«

Wenn Sie diese Logik nicht verstehen, dann können Sie nicht chaotisch denken. Das tut uns Leid, denn da man das Chaos letztlich nicht verhindern kann, sollte man die in der »Unordnung« liegende Vielfalt vorbehaltlos anstreben. Und zwar möglichst flexibel (*Thriving on Chaos*). Wie schon der Schweizer Ökonom F. A. Hayek bemerkte, ist Marktwirtschaft ein weites Feld, das unser Verständnis bei weitem übersteigt. Märkte sind nun mal nicht fair, und man bekommt keineswegs immer den gerechten Lohn für investierte Arbeit. »Yeah!«, triumphiert Tom Peters.

Wer den Ausweg aus der vertrackten Lage sucht, sollte sich an folgende Sinnsprüche von Tom Peters halten:

- »Things are too fast for us to sort out logically what's going on. Our understanding of cause and effect is hopelessly incomplete, frightfully misleading, and getting worse by the day ...«
- »So disorganize!«
- »And keep disorganizing!«
- »Try anything! The more screwups the merrier«.

Auf gut Deutsch: Schließen Sie Ihren Schreibtisch und Ihr Büro ab, werfen Sie den Schlüssel in den Müll und fahren Sie in Urlaub. Sie können sowieso nichts mehr ändern.

... und was steckt dahinter?

Die Ratschläge des Gurus lesen sich ausgesprochen vergnüglich. Welches andere Managementbuch steht unter einem so lustigen Motto wie »Crazy Times Call for Crazy Organizations«, das mit einem Zitat von Andy Grove, dem Vorstandsvorsitzenden von Intel, beginnt: »Nur die Paranoiden überleben«?

Auch Peters' Idee, die Langeweile in langen Unternehmenskorridoren durch den Einsatz von gut funktionierenden Wasserpistolen zu bekämpfen, zeugt von Humor. Der Rat, vorzugsweise Spinner und Nonkonformisten einzustellen, ist vielleicht gar nicht so abwegig. Etwas mehr Kreativität und Elan kann keinem Unternehmen schaden. Und viele Organisationsformen gehören tatsächlich in die Mottenkiste. Produkte sollen tatsächlich Spaß machen, jedenfalls manche. Der Markt ist unbeständig, wer darauf nicht reagiert, ist nicht mehr lange im Geschäft.

Aber was macht ein Unternehmen mit Peters' Tipp, alles aufzugeben? Hoffentlich nichts! Das scheint auch der Autor zu ahnen. Schreibt er doch im Vorwort zu »Liberation Management«: »If you've done all the close-to-the-customer things that I begged you to do in my first three books (*In Search of Excellence*, *A Passion for Excellence* und *Thriving on Chaos*) …, I'm not sure you'll be any ›closer‹ five years from now than you are today.«

Das macht uns nicht schlauer, beweist aber eines: Der Mann ist wenigstens ehrlich.

13 Versetzung gefährdet

Label und Herkunft:

Lernende Organisation, Learning Organization (LEO); Arthur D. Little u.a.
Intelligent Enterprise; James Brian Quinn

Das Konzept der Lernenden Organisation (LEO) wurde – der Leser ahnt es schon – in den Vereinigten Staaten ausgeknobelt. LEO stieß in den frühen neunziger Jahren nach Europa vor, zunächst in die Elfenbeintürme der Betriebswirtschaftslehre. Die Idee fand aber bei den Professoren solch großen Anklang, dass sich die Diplom- und Doktorarbeiten darüber häuften. Es kam, wie es kommen musste: Ein paar LEO-Experten begannen ihre Karriere als Associates bei Unternehmensberatungen, und siehe da – schon erblickte ein neues Beratungsprodukt das Licht der Welt.

Nun aber zunächst zu des Pudels Kern. Die hohen Misserfolgsquoten anderer Managementkonzepte – beim Business Process Reengineering spricht man von 70 bis 80 Prozent, bei Total Quality Management gar von 80 bis 90 Prozent – brachten den US-Wissenschaftler James Brian Quinn und einige seiner Kollegen auf den klugen Gedanken, dass die schönste Theorie nicht funktioniert, wenn Management und Belegschaft nicht mitziehen. Wenn keiner Lust hat auf allfällige Veränderungen, bewegt sich rein gar nichts. Auch die Berater bleiben dann ohne Torerfolg.

»Es wird etwas geschehen«

Sobald die Consultants das Haus verlassen, fällt nämlich jeder wieder in den gewohnten Schlendrian zurück. Diesem Phänomen hatte übrigens schon lange vor LEO der deutsche Schriftsteller Heinrich Böll in betrüblicher Unkenntnis der kommerziellen Nutzbarkeit seiner Entdeckung eine Satire gewidmet (vgl. dazu: »Es wird etwas geschehen«, in *Dr. Murkes gesammeltes Schweigen*).

Die bahnbrechende Erkenntnis, dass die menschlichen Verhaltenskomponenten und deren Anpassung an Veränderung ein sehr kritischer Erfolgsfaktor sind, nahm also leider nicht auf deutschem Boden ihren Anfang.

Die Erkenntnis ereilte vielmehr einen amerikanischen Ökonomieprofessor, als er an einem Frühlingstag einer neuenglischen Entenfamilie beim Schwimmtraining für die Kleinen auf dem Frog's Pond in Cambridge zusah und auch ansonsten guter Dinge war. Was die Entenschar da so trieb, erregte die Aufmerksamkeit des Herrn Professor.

Am Anfang ließ Mutter Ente ihre Küken fröhlich und unkümmert weit fort von sich auf dem Teich herumpaddeln. Als jedoch ein Unwetter aufzog, machte sie dem Freiheitstrieb ihrer Familie blitzschnell ein Ende, indem sie jedes einzelne Mitglied ihrer Organisation, Laien sprechen auch von Brut, mit energischem Gezwicke an ihr Gefieder holte. Die Wolken verzogen sich, und Mutter Ente ließ ihre Kleinen wieder weiter von sich fort.

Was wollen uns die Enten sagen?

Kurz darauf bedeckte sich der Himmel erneut, und (just in diesem Augenblick machte es bei dem Professor »klick!«) sofort flitzte die gesamte Kükenschar zurück in die schützende Nähe der Mama. In kurzer Zeit hatte die Kleinen also begriffen, dass wechselnde Umstände ein anderes Verhalten erforderlich machten und sie widrigenfalls von Seiten der Mutter bestraft werden würden.

»Wie«, so begann der Wissenschaftler nun zu grübeln, »können wir solche Verhaltensänderungen bei Unternehmensorganisationen erreichen? Wie können die Mitglieder einer Organisation Verhaltenslernen lernen?« So eigenartig drücken sich Organisationstheoretiker wirklich zuweilen aus.

Das war schon die halbe Miete oder, richtiger formuliert, der halbe Umsatz. Denn hat ein Managementtheoretiker erst einmal die richtige Frage gefunden, lässt die Antwort nicht lange auf sich warten. Sie ward auf dem Nachhauseweg ebenso rasch wie wissenschaftlich unangreifbar formuliert: durch das Anstoßen und Aufrechterhalten von Lernprozessen die Verhaltensänderungen in die gewünschte Richtung unterstützen. Setzen, eins!

Das LEO-Konzept hält sich gar nicht erst mit der Frage »ob« auf, sondern fragt gleich nach dem »wie«. Es geht ganz einfach davon aus, dass nicht nur Individuen, sondern auch Unternehmen als solche lernen können. Nicht die Gebäude, die bleiben selbstverständlich dämlich, sondern die Gesamtheit der sich darin Aufhaltenden, der ganze Organismus eines Unternehmens, sozusagen. Und zwar völlig organisch oder so ähnlich.

Diese sieben Schritte musst du gehen

Lassen wir diese erstaunliche These vorläufig einmal stehen und schauen, wie das Konzept in praxi funktioniert. Dass es aus sieben Schritten besteht, ist sicher kein Zufall. Die Zahl 7 galt schon in früheren Jahrhunderten als magisch.

Erstens: Das A und O jeder guten Strategie ist natürlich die Zielsetzung. Wer kein Ziel hat, kommt nie wohin, logisch.

Also sucht sich das bisher lernabstinente Unternehmen erst einmal ein besonders schönes, fernes Ziel. (Manager, die an dieser Stelle »Klar, Australien kommt gut« murmeln, outen sich als infantil und werden gefeuert.)

Zweitens: Hektik führt geradewegs ins Chaos. Daher muss der Zieldefinition eine Rekreationsphase, sprich eine grundsätzliche und gründliche Reflexion folgen. Zum Nachdenken sollte man sich immer Zeit nehmen.

Drittens: Da man dabei leicht ins Grübeln geraten kann, tauchen zwangsläufig bange Fragen auf: Sind wir eigentlich lernfähig? Haben wir es »mental« überhaupt drauf, unser Ziel in Angriff zu nehmen? Wo liegen unsere Grenzen? Bleibt Rudi Völler Teamchef? Über diese existenziellen Fragen muss man sich Gedanken machen.

Viertens: In 99 Prozent aller Fälle lassen sich diese Fragen nicht klar mit »ja« oder »Grenzen gibt es für uns nicht« beantworten. Der Deus ex Machina heißt in diesem Fall: Personalentwicklung. Das Konzept der Lernenden Organisation unterscheidet sich von anderen Strategien auch durch seinen personalschonenden Ansatz. Das Konzept rationalisiert nicht einfach weg, sondern es entwickelt.

Fünftens: Nachdem also festgestellt wurde, dass es etwas zu entwickeln gibt, geraten die Umfeldbedingungen ins Visier. Die sind natürlich komplex und müssen sorgfältig analysiert werden. Das kann dauern.

Sechstens: Zum Glück besteht eine Organisation ja wirklich aus Individuen. Daher wäre es doch leichtfertig, all die schönen Talente und Energiepotenziale der Einzelpersönlichkeiten brachliegen zu lassen. Also nutzen wir sie doch! Wie machen wir das? Ganz einfach: durch Motivation der Mitarbeiter. Und wie geht das? Mit Information, Kommunikation, Hierarchieabflachung, Delegation von Verantwortung, Toleranz und Teambildung.

Und schließlich siebtens: In einer Organisation auf dem Weg zu einer lernenden schaffen diese Kriterien nicht nur eine angenehme Unternehmenskultur, sondern sie demolieren die Lernbarrieren. Und das ist gut. Denn sind diese Hürden erst einmal beseitigt, geht alles wie von selbst. Dann hat das Unternehmen nämlich eine Lernkultur. Das ist deswegen besonders erstrebenswert, weil eine Lernkultur »selbststeuernde« Lernbedingungen schafft, das heißt, sich ihr eigenes Perpetuum mobile kreiert: Auf längere Sicht notwendige Veränderungsprozesse setzen sich »selbstorganisatorisch« in Gang und bringen das Unternehmen nicht nur dem im ersten Schritt definierten Ziel näher, sondern sie verwandeln die bisher denkfaule in eine Lernende Organisation. Und in einer LEO werden alle jeden Tag noch schlauer.

Das Konzept lässt sich nachvollziehen, es klingt schlicht und einfach. Aber man sollte sich nicht täuschen. Hinter einer genialen Idee steckt eben oft ein sehr simpler Gedanke, den nur vorher noch nie jemand zu Ende gedacht hat. Seit Jahrzehnten wird an Managementtheorien herumgedoktert, aber darauf, die ganze Organisation noch einmal in die Schule zu schicken, ist halt vorher noch keiner gekommen. Vielleicht auch deswegen nicht, weil man bisher nicht unterstellt hat, dass Organisationen als solche lernen können.

... und was steckt dahinter?

Wer lernen will, braucht einen Lehrer. Aus der Firma Wald & Wiese wird nur mit externer Hilfe eine LEO. Es wird aus ihr vermutlich nie eine LEO, wenn sie sich nicht den ISO-geprüften LEO-Spezialisten ins Haus holt. Also einen mit der nötigen Kompetenz und Effizienz, jemanden, der sein Handwerk wirklich versteht, die Zusammenhänge durchschaut und die Schwerpunkte kennt.

Bei Wald & Wiese hat man das sofort begriffen. Denn wenn es so leicht wäre, all die schlummernden Potenziale der lieben Mitarbeiter zu wecken und die Phalanx der Lernbarrieren zu durchstoßen, hätte man es doch schon längst selbst gemacht.

Lehrer brauchen Schüler, im vorliegenden Fall also lernwillige Organisationen. Was macht der Griechischlehrer, wenn niemand mehr Griechisch lernen will oder es alle schon können? Richtig: Er wird kreativ. Er bietet einen anderen Kurs an, Griechisch kochen zum Beispiel oder Sirtaki für Anfänger. Und was macht der Unternehmensberater, wenn die Konzepte A, B und C schon mehrfach implantiert wurden und der Patient dennoch fortgesetzt kränkelt? Richtig: Er entwickelt Konzept D, etikettiert es als »völlig neu« und nutzt den Synergieeffekt mit vorhandenen Ansätzen.

Die Verpackung macht's

Das geht so: Man stelle eine These auf, die nebulös und griffig zugleich ist, leite daraus einen dringenden Bedarf ab, der von keinem real existierenden Konzept abgedeckt wird und biete ein dementsprechendes Lösungspaket an.

Dieses Konzept verpacke man in einer Terminologie, die Puristen und Ästheten gleichermaßen verschreckt. Solche Menschen sind sowieso chronische Nörgler und werden an jedem Vorschlag etwas auszusetzen haben. Eine weitaus interessantere Klientel sitzt in Vorständen und Geschäftsführungen krisengeschüttelter Unternehmen. Die sind weder Puristen noch Ästheten, weil sie sich beides berufsbedingt nicht leisten können. Aber sie sind beeindruckt von der Komplexität des Themenbereichs und greifen spontan zum Telefonhörer.

LEO-Berater kann naturgemäß nicht jeder werden. Ein Studium an mehreren Fakultäten ist nur die formale Voraussetzung. Zum LEO-Berater muss man gewissermaßen geboren sein. Die Fähigkeiten des gemeinen Beraters reichen nicht aus. Man muss über besondere Sensibilität, Charme und Charisma verfügen, man muss Geduld haben, Toleranz, Spontaneität und, ganz klar, eine Vision.

Es versteht sich von selbst, dass Menschen mit solcher Qualifikation sehr gefragt sind, dass sie ihren Rat lächelnd und gern geben, ihn aber nur für ein angemessenes Honorar zur Verfügung stellen können. Das sieht der Boss von Wald & Wiese natürlich ein: Was nichts kostet, taugt bekanntlich ja auch nichts.

Berater haben viel Zeit

Besonders sympathisch an seinem maßgeschneiderten Beraterteam, das nach wochenlangen Vorverhandlungen ins Haus schlendert, ist dem Chef von Wald & Wiese die kraftvolle Ruhe, die diese jungen Leute ausstrahlen. Da wird nicht hinter verschlossenen Türen herumrationalisiert, da werden keine Radikalkuren verordnet, da geht es nicht um Schnellschüsse oder die Bereitstellung kurzfristiger Lösungskonzepte. Da herrscht eine offene Atmosphäre, und da spürt man sofort, dass »nicht allein der Mensch, sondern auch die Kommunikation zwischen Menschen im Vordergrund steht« (Klaus Marwitz, Institut für Kommunikation und Zeitdesign).

Das leuchtet dem Vorsitzenden von Wald & Wiese auch ein, denn irgendwie hat er immer schon geahnt, dass es nicht reicht, die Mitarbeiter streng anzusehen. Der Gedanke, mal mit ihnen zu reden, erscheint ihm deshalb gar nicht so dumm.

Natürlich kostet es neben dem Beraterhonorar auch Zeit, Hunderte oder gar Tausende von Angestellten und Arbeitern in den Zustand der Lernwilligkeit zu versetzen. Denn immerhin ist eine Lernende Organisation etwas Ganzheitliches, das sich selbstverständlich nicht mit einem Crashkurs ins Leben stampfen lässt. Da muss man schon ein wenig mehr Geduld aufbringen.

Training, Workshops und kein Ende

Das Beraterteam muss schließlich die Schritte eins bis sechs erarbeiten, dann bei Punkt sieben verweilen. Es bietet ein Kompakttraining an, es veranstaltet Workshops, steuert die Veränderungsprozesse und überwacht die Nachbearbeitung der Maßnahmen. Das ist zwar sehr aufwändig, aber wenn es zum Beispiel darum geht, die Kommunikationsfähigkeit der Mitarbeiter zu trainieren, ihre Entscheidungsfreude zu fördern und ihre individuellen Fähigkeiten für die Gesamtheit zu nutzen, darf man keine Wunder erwarten.

Verhaltensänderungen, das weiß jeder Raucher nur zu gut, vollziehen sich mit einer Geschwindigkeit von maximal sieben bis zehn Prozent im Jahr! Das bedeutet, dass ein neu gegründetes Unternehmen gleich zum Anfang die vom Berater angebotene Schulbank drücken sollte, um rechtzeitig zur Konfirmation von Grund auf lernfähig zu sein. Vielleicht erlebt es diesen Zeitpunkt ja.

Wer jetzt immer noch Gewinnmaximierung zur obersten Maxime eines jeden Unternehmens erklärt, hat nun wirklich nichts begriffen.

14 Qualität ist immer gut

Label und Herkunft:

Quality First; Mike Robson, MRA International
Total Quality Management (TQM), (integriertes) Qualitätsmanagement; alle renommierten Management-Consultancies

Ansätze zur Verbesserung der Qualität von Produkten und Dienstleistungen gibt es in höchst unterschiedlichen Qualitäten. Das Spektrum der Darreichungsformen reicht von der Schaffung einer voll und ganz auf Qualität ausgerichteten Organisation bis zur offiziellen ISO-Zertifizierung.

Die Konzepte sind schwer voneinander abzugrenzen. Oft sind qualitätsrelevante Vorgehensweisen in benachbarten Lehren, wie zum Beispiel Kaizen und KVP, enthalten, ebenso häufig auch Teil eines übergreifenden Gesamtkonzeptes (Reengineering, Change Management).

Ganz auf den Qualitätsbegriff bezogen treten TQM und die diversen Normen der ISO an. Unter dem Management der totalen Qualität wird gemeinhin die Summe aller Maßnahmen, Verhaltensweisen und Kontrollen mit dem Ziel dauerhafter Exzellenz der Leistungserstellung verstanden. Die Produktion von Qualität gehört zu den Kernaufgaben des Unternehmens und ist in allen organisatorischen Einheiten zu verankern. Jeder Mitarbeiter braucht das Bewusstsein für die Qualitätsrelevanz seiner Arbeit, jeder Zulieferer bindet sich an Philosophie und Vorgaben des Unternehmens.

TQM kann funktionieren, muss aber nicht

Auf einen knappen Nenner gebracht, bedeutet Total Quality Management, kurz TQM, so viel wie »Wir fassen uns alle an den Händen und produzieren ab sofort weniger Fehler«. Das kann funktionieren, muss aber nicht.

Bis zu den frühen achtziger Jahren kannte man in Deutschland nur Qualitätszirkel. Gemeint sind damit Gruppen von Mitarbeitern, die sich während der Arbeitszeit zusammensetzten, um die Qualität der Erzeugnisse zu diskutieren. Als die weltwirtschaftlichen Böen an Stärke zunahmen, verging den Unternehmen die Lust an der Diskussion. Ergebnisse, am besten greifbare, mussten her. »Wie greifbar?«, fragte der britische Consultant Mike Robson seine Kunden. »Sehr greifbar«, antworten die Vorstände, »am liebsten möchten wir jeden einzelnen Mitarbeiter bei den Schultern schütteln können, wenn er totalen Ausschuss produziert.« Das war die Geburtsstunde von Total Quality Management. TQM bezeichnet die Zuweisung individueller Verantwortung an jeden einzelnen Mitarbeiter und die Ausweitung des Qualitätsgedankens auf das gesamte Unternehmen und seine Zulieferer.

ISO, das im Zusammenhang mit TQM stets verwandte Akronym für die International Standardization Organization in Genf, ist ein vom Namen der aufsehenden Behörde abgeleitetes Prüfzeichen für 1a Qualität bei Produkten und Prozessen. Wenn ein Vorstand glaubt, alles richtig zu machen, und ein hinreichend großes Budget für die Schaffung einer Qualitätsorganisation zur Verfügung stellt, kann er seinen Betrieb oder Teile davon bei der ISO für eine Art Qualitätsexamen anmelden. Ohne die Unterstützung spezialisierter Repetitoren schafft das freilich keiner, denn die ISO-Regeln sind dermaßen kompliziert, dass sie außer den Eingeweihten keiner mehr versteht. Vorbereitende Kurse dafür bietet mittlerweile jeder Feld-, Wald- und Wiesenberater an.

Qualität muss sein

Schon seit Jahren erfreut sich TQM anhaltender Begeisterung bei Firmen jeglicher Größenordnung. Das hat aber nichts damit zu tun, dass die Firmenlenker den Wert hoher Qualität erkannt haben. Ganz anders: Weil Müller & Co. gehört haben, dass sich Maier & Cie. zertifizieren lassen, befürchten sie Nachteile, wenn sie selbst unzertifiziert, gewissermaßen unqualifiziert, auf dem Markt ihre Dienste anbieten. Weil alle es tun, disqualifiziert sich derjenige automatisch, der außen vor bleibt – streng nach dem Motto der Lemminge: »In der Masse stirbt sich's leichter«. Insofern erinnert TQM weniger an eine Mode als an eine Infektion.

Die Grundannahme der Zertifizierungen nach den diversen ISO-Normen ist es, die Prozesse im Unternehmen nach einem festen Schema organisieren und bewerten zu können. Das Formular erfuhr auf diesem Weg, dass an der Wiedergeburt etwas dran sein muss: Alles, was sich im Unternehmen bewegt, wird dokumentiert. Jeder Ablauf kommt auf den Prüfstand. Villeicht könnte man daran etwas verbessern. Beurteilt wird dann aber keineswegs die Qualität des Ablaufes (wie sollte das auch gehen?), sondern seine vollständige Dokumentation. Wer also fleißig aufschreibt, wie und warum der neue Stempel aus dem Materiallager auf den Schreibtisch gelangt, hat bei den ISO-Prüfern gute Karten.

Mit TQM und ISO beschäftigen sich in Deutschland alle größeren Unternehmen. Besonders offensiv vertreten wurde Total Quality Management von Opel, Mercedes und Audi. Im Falle der Zertifizierungen nach ISO macht es wenig Sinn, einzelne Protagonisten herauszugreifen. Selbst kleine Dienstleister unterziehen sich in Scharen den ebenso kostspieligen wie zeitaufwendigen Prüfungen. Und weil da gar so wenig dran ist, gehen wir am Ende des Kapitels auch nur recht kurz auf diese neuzeitliche Wiedergeburt bürokratischen Unsinns ein.

Von Qualität und dem alten Mercedes

Kunden, so behaupten die TQM-Protagonisten, finden neuerdings die Qualität der angebotenen Produkte und Dienstleistungen irgendwie wichtig. Sie haben ja auch erst seit Erfindung von TQM und ISO die Möglichkeit zu solchen kecken Forderungen. Bevor beispielsweise bei Mercedes-Benz die Devise der totalen Qualität und des Managements derselben durch die Werkshallen schallte, produzierten die schwäbischen Schrauber bekanntlich nur Ausschuss. Man erinnere sich nur an den »kleinen Daimler«, wie er in den Siebzigern und den frühen achtziger Jahren vom Band lief. Die im Werksjargon W123 genannte Kiste klapperte nun wirklich an allen Ecken. Grausam schlecht verarbeitet und als Gebrauchtwagen kaum noch zu verhökern – die ehemaligen Besitzer können ein Lied davon singen …

Spaß beiseite: Tatsächlich stellt der gute alte W123 für qualitätsbewusste Traditionalisten nach wie vor den »einzig wahren« Mercedes dar. Das Auto war unverwüstlich und ist es sogar oft noch heute. Es dürfte hier zu Lande kein

Modell irgendeines Herstellers geben, das im hohen Alter noch so häufig auf der Straße anzutreffen war. Aus dem Verkehr gezogen wurden diese wunderbaren Autos von der Steuer und den Spritpreisen. Es ist heute einfach zu teuer, diesen Traumwagen zu bewegen.

Aller Anfang ist schwer

Tatsache ist allerdings, dass dieses Fahrzeug ohne Hilfe modischer Managementmaschen das Licht der Welt erblickte und sich dort lange Zeit sonnte. Was dann kam, war Murks oder zumindest mit dem behaftet, was in automobilen Kreisen gerne als »Kinderkrankheit« verharmlost wird. Das Nachfolgemodell W124 glänzte zu Beginn mit peinlichen Verarbeitungsmängeln. Umsteiger vom Vorgängermodell lugten irritiert zum Wettbewerb, der offensichtlich auch Brauchbares produzierte.

Zugegebenermaßen hat weiland Daimler-Benz die anfänglichen Probleme mit dem W124 vielleicht sogar ohne Hilfe von TQM zu Stande gebracht. Ein paar Jahre später – und da waren schlaue Berater mit ihren schlauen Konzepten bestimmt schon an Bord – kam die erneuerte S-Klasse. Die ließ Designer und Laien mit Sinn für Formen gleichermaßen frösteln, weil nur das fehlende Rohr die Anmutung eines Kampfpanzers unvollständig machte.

Bald nach Auslieferung der ersten Modelle stellte sich heraus, dass in dem teuren Luxus-Tank legal allenfalls magersüchtige Turnerinnen mit wenig Gepäck zu transportieren waren. Schon vier wohlhabende Durchschnittsgermanen nebst Köfferchen brachten das Gesamtgewicht des Gefährts auf einen strafbaren Wert. Offensichtlich hatte niemand bedacht, dass auch in einem Fahrzeug von unzeitgemäß gewaltigen Ausmaßen der Chauffeur gelegentlich Begleiter haben könnte.

Die Reifen waren schuld, deren Gewichtsfreigaben zunächst nicht mit dem angeschraubten Auto harmonierten. Natürlich haben die Untertürkheimer das schnell behoben, bloß peinlich war's denn doch. Wer die Kiste hässlich fand, der lachte herzlich. Wer sie gerade gekauft hatte, murmelte vielleicht ein »Früher hätte es das nicht gegeben« und beäugte die Werbung des örtlichen BMW-Händlers schon viel interessierter.

Jetzt noch darüber zu lästern, dass die seinerzeit verbrochene S-Klasse nicht auf Autoreisezüge passte, hieße, dem Flaggschiff (sic!) der Mercedes-Benz AG mehr Beachtung zu schenken, als es verdient. Was soll's, die nächsten Modelle sind schon auf dem Markt und sehen viel besser aus. Die Frage, ob der Kunde in Zeiten modernen Qualitätsmanagements bessere Produkte erwarten darf, findet in dem Beispiel allerdings eine treffliche Antwort.

Er darf es nicht. Warum auch? Mit Aktionismus beweist der Hersteller, mit welcher Intensität er rund um die Uhr an seine Kunden denkt, und wen interessiert das überhaupt, nachdem das Auto vom Fließband in die Garage des ahnungslosen Kunden gerollt ist? Da lacht der Vertriebsvorstand, und der Unternehmensberater freut sich auch. Und der Elch lacht sich ins Fäustchen.

... und was steckt dahinter?

In der Praxis konnte Qualität noch nie durch irgendwelche Programme verordnet werden. Selbst die nun wirklich nicht für einschlägige Nörgeleien bekannte *Wirtschaftswoche* berichtete schon am 12. Juni 1992 unter dem bezeichnenden Titel »Die Mogelpackung« über den Chef eines mittelständischen Automobilzulieferers, der seine Kunden fröhlich abzockte. Den strengen Tolernanzvorgaben der Autobauer begegnete er durch gezieltes Zumischen von Ausschuss. Das fiel wohl nicht weiter auf. Und wenn doch, hielt er sich eine Weile akribisch an seinen Vertrag, bis die Kontrolleure wieder Besseres zu tun hatten. Im Bedarfsfall verzögerte er die Lieferung, bis der Empfänger keine Zeit mehr für nähere Untersuchungen hatte. Kein Abnehmer hat die Chance, Lieferungen komplett zu überprüfen. Also bleibt nur das Risiko der Stichprobe. Und wer hier negativ auffällt, bekommt noch lange nicht den Stuhl vor die Tür gestellt. Das Abhängigkeitsverhältnis ist nämlich ein beiderseitiges.

Moderne Fertigungsmethoden und der ihnen vorangehende Einkauf haben auf der einen Seite die Zahl der Zulieferer reduziert. Wer früher die Klappe des Handschuhfachs lieferte, schickt heute das ganze Armaturenbrett samt eingekaufter Instrumente aufs Fließband seines industrielles Abnehmers. Am besten ohne jede teure Lagerhaltung beim Autobauer. Als Komponenten-Lieferant hat der Zulieferer sein eigenes Unternehmen mit einiger Wahrscheinlichkeit noch stärker an den wenigen Kunden ausgerichtet, mitunter ist es nur ein einziger. Maschinenpark, Mitarbeiterqualifikation, Logistik – alles orientiert sich an einigen Lieferverträgen.

Plaste von Mustermann

Ein fiktives Beispiel: Hersteller Mustermann liefert Armaturenbretter an VW für die Typen Polo, Lupo und Golf. Außerdem kam er durch gnadenlose Kalkulation noch an einen Vertrag mit Mercedes; die A-Klasse trägt Plaste von Mustermann. Sollte aber VW die Lieferverträge kündigen, wäre er erledigt. Das Abhängigkeitsverhältnis ist hier offensichtlich.

Und nun das Ganze andersherum. VW ist aufgefallen, dass Mustermanns Plastik mitunter hinter den Anforderungen zurückbleibt. Nach Ermahnung ist zunächst einmal für eine Weile alles in Ordnung. Das Beispiel aus der *Wirtschaftswoche* funktioniert – Mustermann macht's möglich. Später vertraut der Lieferant wieder darauf, dass intensive Qualitätskontrollen viel zu kostspielig wären. Der Zufall will es, Mustermanns Murks fällt wieder auf. Also, raus bei VW und rein in den Konkurs? Mitnichten. Die Umstellung auf einen neuen Lieferanten käme VW teuer, ganz abgesehen davon, dass einschlägige Spezialisten mit ihren Armaturenbrettern nicht an jeder Straßenecke lauern.

Wie gesagt: Die Abhängigkeit besteht auf beiden Seiten. Und beide Seiten wissen das. In der Praxis darf sich dann die Automobilindustrie weit aus dem Fenster lehnen und allerlei qualitätsphilosophische Geräusche von sich geben. Die Zulieferer hören es wohl, doch ihnen fehlt der Glaube.

Das plakative, weil prominente Beispiel der Automobilindustrie ist problemlos auf andere Branchen übertragbar. Überall wird viel von Qualität geredet – ein Programm jagt das nächste –, und manchmal stellen sich sogar positive Effekte ein. Woher die aber kommen und was denn wäre, wenn interne Energien und externe Beraterhonorare anderweitig eingesetzt würden, kann keiner wissen.

TQM ist eigentlich out

Ob sich ein Konzept nun TQM nennt oder sonst wie – der Haken an dem ganzen Qualitätsgerede ist ein grundsätzlicher: Es passt nicht in unsere Zeit.

Denn, so ja auch im theoretischen TQM-Konzept enthalten – Qualität wird nur von Mitarbeitern produziert, die sich mit Arbeit und Unternehmen identifizieren und bereit sind, eine Verantwortung zu übernehmen, die über ihre *job description* hinausgeht. Das sind klassische Merkmale eines motivierten Mitarbeiters (siehe Kapitel 2).

Fazit 1: Für Qualitätsverbesserungen werden in der Praxis viel zu oft konkrete Erwartungen an einzelne Unternehmensbereiche formuliert. Das widerspricht der postulierten Eigenverantwortung der Mitarbeiter und macht einen »philosophischen« Ansatz zur schlichten Planerfüllung. TQM soll ein bestimmtes Gedankengut langfristig in den Köpfen der Mitarbeiter verankern. Dazu passt es nicht, wenn immer wieder der schnelle Gewinn in den Vordergrund gestellt wird (siehe Kapitel 18: *Shareholder Value*). Ganz besonders nicht durch vertrauensbildende Maßnahmen wie beispielsweise Entlassungen.

Fazit 2: Bessere Produktqualität führt nicht automatisch und schon gar nicht auf die Schnelle zu höheren Verkaufszahlen. Weniger Ausschuss und weniger Nachbesserungen führen aber sofort zu höherer Effizienz der eingesetzten Arbeitszeit. Das heißt, dass bei einem funktionierenden TQM weniger Leute den gleichen Output produzieren. Also ist das totale Management der Qualität ein Beitrag zur Massenarbeitslosigkeit? Und daran sollen sich geknechtete Lohnabhängige auch noch beteiligen? Schön dumm wären sie.

Wieso ISO?

ISO-Zertifizierungen gingen weg wie warme Semmeln, und das über Jahre hinweg. Sie waren unglaublich gefragt und, wie Reinhard Sprenger einmal im *manager magazin* trefflich bemerkte, »vor allem ein Riesengeschäft«. Die Zahl der mittlerweile zertifizierten Unternehmen aller Größenordnungen geht in die Hunderttausende. Offensichtlich ist ISO ebenso Pflicht wie der Doktortitel beim Mediziner.

Qualitätsrelevant sind die ISO-Normen der 9000er-Klasse, getrennt zu vergeben für Dienstleister und Industieunternehmen. Wer sich mit dieser Zahl schmücken darf, hat dokumentiert, dass sein Qualitätsmanagement qualitätsfähig ist. Die Zuordnung der ISO-Zahlen zu irgendwelchen Kriterien ist eher zufällig und braucht uns nicht weiter zu interessieren. So regelt ISO 10444 die Reportnummerncodes bei der Registrierung von Forschungsberichten, was immer das bedeuten mag. Mit der Nummer kann ohnehin niemand seinen Kunden beeindrucken, und vielleicht ändert sich das Zahlengeflecht auch mal. Hauptsache ISO.

Der Vergleich mit dem Kürzel »Dr.« auf dem Praxisschild des Arztes macht noch in anderer Hinsicht Sinn. Frage: »Kann der meinen Rheumatismus heilen, weil er vor 20 Jahren über Fußpilzerkrankungen bei Eingeborenen am unteren Nil promovierte?« Antwort: Eben. Dr. und ISO sagen über die Befähigung des Leistungserbringers und über die Qualität der nachgefragten Leistung nichts aus. Hauptsache, man hat die Urkunde. Wie und warum, interessiert im Nachhinein kaum jemanden. Es kommt gar nicht auf das Ergebnis an, sondern auf die Art und Weise seiner Entstehung. Die wird dann alle drei Jahre neu begutachtet. »Nachauditierung« nennt das der Fachmann.

Ein besonders dramatisches Beispiel aus der Praxis lieferte die Gesellschaft Public Relations Agenturen e.V., kurz GPRA. In diesem Verein hat man sich Mitte der neunziger Jahre den »Bedürfnissen, Ansprüchen und Forderungen des Marktes« (Originalton des Präsidiums) gebeugt und den Mitgliedern ein Qualitätsmanagement-System nach ISO-Norm verordnet.

Die Öffentlichkeitsarbeiter schlucken die Kröte schwer. Wer jemals in einer PR-Agentur gearbeitet hat, kann sich ausmalen, wie heftig der Kampf zwischen dem gewohnten kreativen Chaos und jeder Standardisierungsbemühung toben muss. Da sollen Mitarbeiter ein einheitliches Dokumentationssystem übernehmen, pflegen und selbstverständlich dokumentieren, deren Ablage zuvor aus einer übers Jahr steigenden Anzahl von Schuhkartons bestand.

Hierzu passt das plakative Beispiel einer ehemals real existierenden PR-Agentur aus dem Rhein-Main-Gebiet. Unter den Kundenberatern stimmte die Mischung aus kreativ veranlagten Chaoten und fleißigen Arbeitern. Ein anerkannt guter Mann scherte sich wenig um standardisierte Abläufe. Er benutzte seine eigenen Kürzel. Auf den irgendwann einmal entwickelten Formularen für die formvollendete Beauftragung der hauseigenen Redaktion mit Texten aller Art notierte er für den Redakteur: »Du weißt schon« oder »Schau halt mal«, anstatt eine vorschriftsmäßige Definition des anstehenden Jobs zu formulieren. Die Texter wussten schon und schauten mal, und alle waren zufrieden. Besonders die Kunden. Der Kollege avancierte schnell zur Nummer eins unter den Kontaktern. Unter der ISO-Knute hätte er ganz gewiss rasch das Weite gesucht. Merke: Kreative lehnen Normen und Standards ab.

Von der Wiege bis zur Bahre: Formulare, Formulare

Tatsächlich beinhaltet die Zielsetzung des GPRA-Beschlusses Punkte, die absolut sinnvoll sind – allerdings auch ohne ISO-Getrommel. Dazu zählt die exakte Festlegung der Ablaufprozesse, also die Antwort auf die Frage »Was machen wir eigentlich wie?«. Zuständigkeitsabgrenzungen und -zuweisungen sind ebenfalls eine nützliche Sache. Es ist nie verkehrt, wenn ein Mitarbeiter weiß, was er zu tun hat. Funktionsbeschreibung nennt man das, und es gibt Unternehmen, da wird diese gleich mit dem Arbeitsvertrag ausgehändigt.

Einen Punkt, der besonders im Widerspruch zu den althergebrachten Gepflogenheiten des Agenturalltags steht, nennt die GPRA »personenunabhängige Funktionsfähigkeit der Dienstleistungserstellung«. Bezieht man das auf ein einheitliches Ablagesystem oder eine ebensolche Verzeichnisstruktur auf den Computern, dann handelt es sich um eine absolute Pflichtaufgabe. Wenn Müller nicht da ist, muss Maier in der Lage sein, ein Konzept oder einen Kostenvoranschlag zu finden. Eine Agentur, bei der solche Selbstverständlichkeiten nicht funktionieren, sollten sofort ISO-unabhängige Etatkündigungen ereilen.

Jeder Öffentlichkeitsarbeiter stellt sich auf seinen Kunden ein. Das ist ein chemisches Verfahren, das mitunter etwas dauert. Im Idealfall funktioniert dann vieles ohne großen Wortwechsel. Nur »personenunabhängig« kann das naturgemäß niemals sein. Der Maier kann an Stelle des Müller ein paar Unterlagen zusammenstellen, im Kontakt zum Kunden wird er ihn aber nicht ersetzen können. Es sei denn, die Agentur besteht nur aus Genies – oder nur aus Nieten.

Public Relations haben etwas mit Kreativität zu tun, mit guten Texten für Broschüren und Presseinformationen, mit kompetenter Beratung zur Darstellung des Kundenunternehmens in der Öffentlichkeit. Und da gibt es immer wieder ein paar freischaffende Künstler, die eben ein chronisch gestörtes Verhältnis zur Ordnung haben. Vielleicht besteht die Kunst nun wirklich darin, die richtige Mischung aus genialen Chaoten und ISO-konformen Arbeitsbienen zu finden? Und kann es sein, dass dies immer schon so war?

Ein Riesengeschäft

Nicht einmal bei der Namensgebung schimmert der Fortschritt durch das verstaubte ISO-Gebälk. Zertifizierung, Nachauditierung – nachdem im öffentlichen Dienst immer mehr Posten und Pöstchen von Angestellten besetzt werden, hat die Beamtenmentalität eine zweite Heimat gefunden. Allerdings war der Bürokratismus in den Amtsstuben niemals so gewinnbringend.

Mit dem Normierungswahn machten die wenigen zugelassenen Zertifizierer in Deutschland richtig Kasse. Pro Opfer werden im Schnitt um die 20.000 DM fällig. Dazu gesellten sich die Gebühren für die regelmäßig zu überstehenden Nachprüfungen. Wer die Prüfungen abnahm, besaß gewissermaßen die Lizenz zum Drucken von Banknoten. Das waren unter anderem die Technischen Überwachungsvereine (TÜV). Sicherlich kein Zufall, denn dort kennt man sich traditionell mit der kostenpflichtigen Vergabe von Plaketten fragwürdiger Bedeutung gut aus.

Über das ehemals zu bedienende deutsche Marktvolumen schwankten die Schätzungen erheblich. Ein paar Milliarden Mark sind es aber mit Sicherheit gewesen. Hinzu kommen die Honorare für Berater, die an der Herstellung der Einheitsfrisuren ordentlich verdienen.

Kritische Unternehmer und Manager haben der Reihe nach kapituliert. »Unsere Kunden verlangen das«, so lautete die ebenfalls bereits standardisierte Begründung.

In Wahrheit war den Unternehmen bei Ausbruch der Epidemie nur daran gelegen, sich mit dem vermeintlichen Siegel vermeintlich geprüfter Qualität vom Wettbewerb abzuheben. Nun stellt sich eher die Frage, welchen Sinn denn ein Michelin-Stern hätte, wenn jede Würstchenbude ihn bekäme. Bald hat jedes Unternehmen so eine Urkunde, ernährt immer wieder seine Prüfer und bringt kurz vor dem TÜV-Termin seine Qualitäts-Handbücher auf Vordermann.

So ähnlich ist es heute tatsächlich. Kein Mensch interessiert sich noch großartig für diesen formularen Terrorismus. Wer auf dem Besuchergestühl am Empfang eines beliebigen Unternehmens Platz nimmt, sollte sich mal umsehen. Irgendwo hängt es, das gerahmte ISO-Diplom. Daneben hängt wahrscheinlich ein ebenso wichtiger Zettel. Auf dem steht, dass Ingo Müller, Praktikant aus dem Vertrieb, erfolgreich an der Schulung »Excel für Anfänger« teilgenommen hat.

Vielleicht kommt ISO^2

Möglicherweise kommt aber irgendein internationales Gremium bald auf eine neue Idee, vielleicht auf eine Art »ISO^2«. Die neuen Normen bauen auf den alten auf, damit die Prüfer ihren Besitzstand verteidigen und weiter nachprüfen können. Denkbar wäre auch die Vergabe von speziellen ISO-Zertifikaten für den einzelnen Arbeitnehmer. Der Stempel auf der Stirn würde ihn dann bei einer Bewerbung als willig ausweisen, sich im Falle einer Einstellung für die Qualität im Unternehmen einzusetzen. Ein anderes Siegel des MÜV (Mitarbeiter-Überwachungsverein) könnte einen qualitätskonformen Lebenslauf belegen oder auch die besondere Neigung zu standardisierten Verfahren auf Grund völlig fehlender Kreativität und Eigeninitiative. Wie einfach wären dann doch Bewerbungsverfahren! Statt Zeit raubender Auswertung von Zeugnissen muss nur die Vollständigkeit der geforderten MÜV-Plaketten geprüft werden.

Schöne neue Welt? Nein, die ISO-Mania war eine europäische Erkrankung. Wahrscheinlich gibt es immer noch amerikanische Unternehmen, die von Lieferanten aus Europa die Zertifizierung verlangen. Bestimmt aber haben die Brüder jenseits des Atlantiks schon gehört, dass in der EU sogar Traktorensitze nach einer europaweiten Norm zu fertigen sind. Und da denkt sich gewiss der Amerikaner, dass die eine oder andere Schikane der eigenen Wirtschaft dienen könnte.

15 Reengineering: die Allzweckwaffe

Label und Herkunft:

Business Process Reengineering; Erfinder: Michael Hammer/James Champy, vertrieben durch: CSC, The Boston Consulting Group, Roland Berger & Partner u. a.
Business Transformation; Gemini Consulting
Process Redesign; Gemini Consulting
Geschäftsprozessoptimierung; Accenture, Mercer
Corporate Restructuring; Arthur D. Little

Als sich die New Yorker Verleger von Harper Collins Publishers 1993 dazu durchrangen, noch ein Managementlehrbuch auf den Markt zu bringen, ahnten sie nicht, dass sie damit einen weltweiten Bestseller landen würden. Der Grund: *Reengineering the Corporation* von Michael Hammer und James Champy ersparte Millionen verzweifelter Topmanager den schweren Gang zum Aufsichtsrat. Vorerst, jedenfalls.

Die Kernbotschaft von Hammer und Champy ist eigentlich ganz einfach. Sie heißt: »Wenn der Karren im Dreck steckt, schau nach, ob du ein Rad freischaufeln kannst. Hast du eins, hol das nächste raus. Dann überprüfst du, ob die Achsen noch gerade ausgerichtet sind und ob die Lenkung funktioniert.« Weil das allerdings mit einem voll beladenen Wagen unmöglich ist, empfehlen Hammer/Champy, zuallererst die Ladung vom Wagen zu nehmen. Dazu muss man ein paar kräftige Männer holen (Unternehmensberater), herzhaft in die Hände spucken (Budgets einrichten) und einen Schlachtruf ausstoßen (eine Vision verkünden). Und während die Hilfstruppen dann Stück für Stück den Karren auseinander nehmen und anschließend die Karosserie neu zusammensetzen, kann sich der Fuhrmann beruhigt eine Pause bewilligen.

Den Prozess gewinnen wir!

Auf die Wirtschaftswelt übertragen, verspricht Reengineering, dass die gründliche Analyse aller betrieblichen Prozesse (= Bestandteile des Karrens) und des

Leistungsspektrums (= Zuladung) Schwachstellen und Optimierungspunkte sofort erkennbar macht. Jeder einzelne Prozess muss im Hinblick auf die Steigerung des Kundennutzens genau untersucht und sowohl in sich als auch im Zusammenspiel mit vor- und nachgelagerten Prozessen verbessert werden. Hierbei lassen sich, so Hammer, Champy und Tausende geschäftstüchtiger Jünger, gewaltige Summen einsparen. Vorausgesetzt, man investiert erst einmal tüchtig. Nach Abschluss des Reengineering, so wird dem Klienten versichert, knirscht kein Sand mehr im Getriebe, läuft der Unternehmensmotor ohne Stottern und kommt mit weniger Treibstoff aus.

Nach Meinung sparsamer Unternehmer hat die Methode freilich ein paar kleine Schönheitsfehler.

Erstens entlarvt Reengineering schonungslos die Fehler der Unternehmensführung in der Vergangenheit und zwingt zu Kurskorrekturen, das heißt meist Entlassungen. Das, so befürchten besonders Mittelständler zu Recht, ist nicht nur peinlich, sondern beeinträchtigt auch die bisher friedvolle Koexistenz mit dem Betriebsrat und den lokalen Medien. Zur Lösung dieses Problemes bieten sich Unternehmensberater als auf Zeit engagierte Bösewichte an, deren harter Besen die als überflüssig erkannten Mitarbeiter unter lautstark geflüstertem Protest des Unternehmens hinauskehrt: »Nach gründlicher Analyse der von uns beauftragten Experten und zur weiteren Sicherung der Zukunft unseres Unternehmens kommen wir nicht umhin, einige unserer Funktionsbereiche im Hinblick auf die personelle Ausgestaltung zu optimieren …«

Parole Frühjahrsputz

Man kommt also zweitens beim Reengineering nicht ohne Unternehmensberater aus. Die haben nämlich Routine im Großreinemachen und einen Trupp überaus erfahrener, erfolgsgieriger Junior-Consultants, die sich der mühevollen Aufräumarbeit annehmen. Das kann ein Unternehmen auch deshalb schon gar nicht allein, weil es das Reengineering nicht von der Pike auf gelernt hat. »Ach ja, Sie haben auch Hammer/Champy gelesen?«, lächeln Consultants gerne von oben herab. Viel mehr haben die Berater natürlich auch nicht getan, aber auf Grund ihres souveränen Auftretens und der beeindruckenden Vokabeln bezweifelt kein einziger Vorstandschef die Existenz eines streng geheimen und nur der Beraterzunft zugänglichen Ergänzungsbandes: »Reengineering II. Die Umsetzung in die Praxis.«

Externe Dienstleister kosten Geld, und daran hängen Unternehmer und angestellte Topmanager bekanntlich sehr. Die Ausgabe mache aber Sinn, soufflieren die Berater voller Verständnis; schließlich könne man von keiner Führungskraft und von keinem Mitarbeiter erwarten, dass dieser sich als Ergebnis einer umfassenden Analyse seines Arbeitsumfeldes selbst entlässt.

Drittens dauert ein Reengineering-Prozess – »Wenn Sie es denn wirklich ernst meinen, Herr Vorstand ...« – durchaus seine Zeit. So ein Jährchen ist weg wie nichts. Und im Gefolge dessen, siehe zweitens, auch leicht ein paar Millionen.

... und was steckt dahinter?

Unter den zahlreichen modischen Modellen neuzeitlichen Managements nimmt das Business Process Reengineering, für Insider »BPR« oder kurz Reenginering, eine ganz besondere Stellung ein, und das gleich in mehrerlei Hinsicht. Kein anderer Therapievorschlag für verkühlte Unternehmen konnte sich so lange in den Schlagzeilen halten. Kein anderer brachte den Erfindern so viel Geld ein. Kein anderer wurde mit ähnlich vollständiger Flächendeckung angewendet. Und: Bei keiner anderen Therapie verhallt die Frage nach Inhalt und Nutzwert der Methode derartig unbeantwortet in Hörsälen und Vorstandsetagen.

Tatsächlich wird niemand konkret sagen können, was Reengineering eigentlich ist. Jeder Manager weiß aber, um was es geht: ums Ganze und damit letztlich um seinen Kopf. Reengineering ist die Ultima Ratio der Vorstände, wenn sämtliche Sparmaßnahmen erfolglos geblieben und die Gewinne immer noch in weiter Ferne sind. Wenn die letzte Qualitätsoffensive ohne Echo des Marktes bleibt und die Gemeinkostenschraube bis zum Anschlag festgezogen ist. Wenn der Vorstandsvorsitzende mit Bangen an das Auslaufen seines Vertrages denkt und nicht die geringste Ahnung hat, wie er das Bilanzblättchen wenden soll.

Im Gegensatz zu Führungskräften der Wirtschaft wussten ratlos vor dem angefangenen Aufsatz hockende Achtklässler natürlich schon immer, was Reengineering ist. Sie rissen die zweifelhaften Seiten aus dem Heft, knüllten sie zusammen, warfen sie in die Ecke und fingen von vorne an. Auch im trauten Familienkreis hätten die Herren Vorstände lange vor der Erfindung des Reengineerings auf den Trichter kommen können. Sie hätten beim Gemurre über das tägliche Chaos im Kinderzimmer nur einmal ihren Frauen zuhören sollen: »Mach dir keine Sorgen, Alfred. Wenn das Chaos erst groß genug ist, räumt Heini schon von allein auf.«

Beispiele, aber für was?

Dank ihres unstillbaren Hungers nach eingängigen Etiketten für schwergewichtige Managementmethoden klebten die Medien rasch das Label »Reengineering« auf jede übers Jahr gesundete Bilanz. Während sich immer mehr Manager durch Fehlhandlungen oder auch nur durch bloßes Nichtstun disqualifizierten, wurden die Spitzenmanager »reengineerter« Unternehmen als heilbringende Unternehmenslenker gepriesen. Und ihre Verträge verlängert.

Vom Reengineering hatte der eine oder andere auch wirklich profitiert, beispielsweise der Waagenhersteller Mettler-Toledo in Albstadt und der bayrische Automobilzulieferer Webasto.

Allerdings belegen auch diese erfolgreichen Beispiele, dass es die reine Lehre nicht gibt. Beide Unternehmen haben nach eigener Aussage Reengineering betrieben, womit auch schon alle Gemeinsamkeiten genannt wären.

Bei der Mettler-Toledo GmbH blieb im Zuge der Neuorientierung kein Stein auf dem anderen. Sinn der Übung war die Einführung der »Absatzgesteuerten Produktion« (ASP), was letztlich bedeutet, dass immer die Waage hergestellt wird, für die es einen Auftrag gibt. Fließfertigung wurde abgeschafft. Die Monteure suchen sich einen Auftrag aus und schrauben die Waage zusammen. Ein einziger Faktor wurde in den Heiligenstand erhoben, nämlich die Einhaltung von Lieferfristen. Ist jene gewährleistet, interessiert sich die Geschäftsleitung nur am Rande dafür, ob die Mitarbeiter anwesend sind. Selbstverantwortung der Belegschaft wird groß geschrieben. Im Ergebnis präsentierte sich ein von Grund auf umgebautes Unternehmen, das mit eindrucksvollen Zahlen glänzen konnte. Die Durchlaufzeit in der Fertigung sank auf fünf Tage – vor dem Umbau waren es einige Wochen. Der Lagerbestand konnte ebenso gesenkt werden wie der Krankenstand: Mettler-Toledo ging es auf einmal prima.

Über gesundheitliche Probleme konnte die Webasto AG nie klagen, was für einen Automobilzulieferer ausgesprochen unüblich ist. Der Hersteller von Schiebedächern, Klimaanlagen und Standheizungen für Pkw und Nutzfahrzeuge definierte Reengineering freilich ganz anders: Kleine Schritte der Veränderung, eine Abteilung nach der anderen, mehr Evolution als Revolution. Teamarbeit in der Produktion, Praxistage fürs Management, Integration von »Best-practice-Verfahren«, Wettbewerb interner Zulieferer mit externen Lieferanten – der Erfolg blieb nicht aus. Signifikante Verbesserungen in Qualität und Produktivität meldete Webasto als Ergebnis des Reengineering nach Art des Hauses.

Was auch immer Reengineering nun sein mag, mitunter scheint es zu wirken. Das gilt für ehedem kranke Unternehmen und auch für gesunde, für die eine oder andere Definition des Verfahrens und überhaupt. Gut, nennen wir das Reengineering.

Das Problem ist nur: Die anerkannte Notbremsenfunktion des Reengineering macht es auch mutigen Managern schwer, zuzugeben, dass sie über Reengineering nachdenken. Wenn ein angesehenes Unternehmen heute eine Pressekonferenz gibt, vermeiden die Chefs es tunlichst, den Begriff Reengineering ins Spiel zu bringen. Sie befürchten, in der Öffentlichkeit als sanierungsbedürftig zu gelten.

Denn allein der Begriff hat etwas Martialisches; er lässt an eiserne Hebel denken und beschwört finstere Fabriken aus der Epoche Dickens' herauf. Dennoch oder vielleicht gerade deshalb hat sich die Chaos-Umkrempel-Methode seit Beginn der neunziger Jahre weltweit in den Unternehmen ausgebreitet. Sie ist zur bisher erfolgreichsten Methode der Neueren Betriebswirtschaftlichen Methodengeschichte geworden.

»Was tun?«, sprach Zeus

Reengineering ist einmal mehr die betriebswirtschaftliche Antwort auf Heinrich Bölls satirischen Imperativ: »Es muss etwas geschehen!« Die Frage ist nur: was? Da gibt es Beispiele, wo ein ganzes Unternehmen praktisch aufgelöst und dann wieder neu zusammengesetzt wurde. »Na klar, das ist eben das Reengineering sämtlicher Prozesse«, nicken die Verfechter der Lehre, und kaum jemand wird widersprechen. Schließlich behaupten Hammer und Champy schon im Untertitel zu ihrem Buch »Business Reengineering«, dass sieche Unternehmen nur mit einer Radikalkur zu retten seien. Von der Wurzel aufwärts müssen die Geschäftsprozesse umgestaltet werden, um Kosten und Durchlaufzeiten zu senken und den Kundennutzen nach oben zu treiben. Das soll die Bilanz wieder ins Gleichgewicht bringen.

Weil die meisten Manager das von ihnen geleitete Unternehmen für grundsätzlich gesundungsfähig und folglich Radikalkuren für das Allerletzte halten, begnügen sie sich zumeist mit einem partiellen Reengineering. Ein vergleichsweise unbedeutender einzelner Unternehmensbereich (häufig der, dessen Leiter dem Vorstandschef schon lange ein Dorn im Auge ist) wird herausgegriffen und einer Beratertruppe zu Analyse und Neugestaltung übergeben: »Meine Herren, nun zeigen Sie mal, was Sie können.« Und wenn dann nach eineinhalbjähriger Projektdauer und Kosten in Millionenhöhe als Ergebnis die Ausgliederung des fraglichen Bereiches empfohlen wird, reiben sich nur Laien ungläubig die Augen. Hatte doch Oberbuchhalter Kasulzke schon vor Jahren angeregt, »… den Laden einfach dicht zu machen. Kostet nur und bringt nix ein«.

Bleistifte zur rechten Zeit

Wer jetzt Reengineering immer noch für die Auffrischung gebrauchter Computerprogramme hält, mag die Art und Weise, wie akkurat angespitzte Bleistifte die vielen Schreibtische im Unternehmen erreichen, für unwichtig halten. Jeder Absolvent eines Junior-Managementprogramms weiß hingegen, dass die Substanz einer Methode gerade an den kleinen Details festgemacht wird. Nicht erst das Business Review, sondern die Bleistifte bringen es an den Tag. Wo seinerzeit in der zentralen Materialbeschaffung teure Mitarbeiter des Unternehmens hoheitlich über Schreibwerkzeug und Büroklammern wachten, geht es heute viel effizienter zu. Ein externer Dienstleister liefert die Stifte akkurat an jeden Arbeitsplatz – just in time, total »reengineert« und extrem »lean«.

Wer nicht vom Fach ist, versteht das auch nicht. Schließlich addieren sich ausgesprochen komplexe Abläufe, bis solch ein Bleistift vom Wareneingang bis in den Mundwinkel des Sachbearbeiters gelangt ist. Das nur scheinbar harmlose Gefülltholz passiert auf seinem Weg unzählige Gefahrenpunkte, an dem sein Wert für das Unternehmen leiden oder gar gegen Null gehen könnte. Der die Fachabteilungen beliefernde Bote hat zufällig Bedarf (Abhilfe: strengere Kontrollen). Die Einkaufsleiterin lässt einen Bleistift versehentlich vom Tisch rollen (Abhilfe: Bücken lernen). Der für sechs Wochen in den Einkauf abgestellte Azubi nutzt seine Machtposition gnadenlos aus und verehrt seiner Angebeteten einen der für den Vorstand reservierten Stifte mit integriertem Radiergummi (Abhilfe: Lehrlingsausbildung einstellen). Glücklicherweise sind alle Consultants auf derart komplex vernetzte Vorgänge spezialisiert und können die innerbetrieblichen Schnittstellen rasch identifizieren. Die Berater werden folglich einen Großteil ihrer Zeit damit verbringen, jeden einzelnen Schritt des Bleistiftes zu analysieren, ohne dass dieser es merkt und Widerstände aufbaut. Denn bekanntlich sträubt sich jeder Bestandteil einer Organisation gegen Veränderungen aller Art. Und diskrete Beobachtungen, das weiß jeder Leser von Detektivromanen, verursachen eben einen höheren Aufwand.

Reengineering ist Knochenchirurgie

Ist nun die Prozesskette hinreichend durchleuchtet, die Wertschöpfungskette lückenlos geknüpft, geht es zur Sache – genau wie in der Knochenchirurgie. Kleinhacken, ein paar Stücke herausnehmen, den Rest neu zusammensetzen und als Bindemittel eine neue Unternehmenskultur obendrauf – fertig ist der optimierte Prozess. Flink und kostengünstig jagen sie jetzt durch das Unternehmen, die Bleistifte. Unter dem Strich kommen je Stift ein paar Hundertstel

Pfennig Ersparnis heraus, was aber nur bei oberflächlicher Betrachtung wenig ist. Wie viele Bleistifte kursieren denn in einem mittleren Unternehmen?! Diese Zahl, hochgerechnet auf den jährlichen Gesamtverbrauch, multipliziert mit der Anzahl der Jahre bis zur nächsten Organisationsreform – das kann leicht an den Wert eines älteren Gebrauchtwagens heranreichen.

Beraterkosten? Lähmung der gesamten Materialversorgung über Monate hinweg? Zerstörerische Racheakte frustrierter Mitarbeiter an wehrlosem Schreibgerät? Alles kleinliche Einwände beschränkter Nörgler, die den Fortschritt fürchten. Die Revolution gibt's nicht zum Nulltarif, das wusste schon der alte Marx.

... und nun?

Aufgelöste und neu durchgestylte Unternehmen, die teuersten Bleistifte der Welt – was soll das denn nun alles? Wo liegen die Gemeinsamkeiten? Beides ist erfolgreiches Reengineering. Nun lehrt aber die sprachliche Logik, dass ein Begriff, der immer passt, nicht sehr prägnant sein kann. Im vorliegenden Fall fehlt es nicht nur dem Begriff, sondern auch der Methodik selbst an Tiefenschärfe.

Da ist von der Transformation des Geschäftes auf eine höhere Stufe der Wertschöpfung die Rede, von revolutionären Ansätzen unter Einsatz ebensolcher Informationstechnologien bei gleichzeitig optimiertem Management menschlicher Ressourcen. Kaum eine Phrase kommt so flach daher, dass sie einem Reengineering-Report nicht zur Ehre gereichen könnte. Ganz gleich, was in einem Unternehmen geschieht, unter den Erfolgstitel von Hammer und Champy lässt sich jedes organisatorische Baumaßnähmchen einreihen.

Hauptsache Action

Und genau dieser Umstand macht den globalen, seit vielen Jahren anhaltenden Erfolg von Reengineering, Business Process Improvement, Process Redesign, Business Transformation, Geschäftsprozessoptimierung und sonst wie genannten Management-Placebos aus. An dieser Stelle lüften wir eines der bestgehüteten Geheimnisse von Managern und Beratern: Es kommt überhaupt nicht darauf an, etwas zu verbessern. Es kommt nur darauf an, etwas zu verändern. Denn Karriere macht nur derjenige, der durch emsiges Hin- und Herschieben unbedeutender Vorgänge Aktivität und Dynamik vortäuscht. Klugerweise wird er sich für den Entdeckungsfall absichern. Am besten, indem er den Vorgang des Hin- und Herschiebens als Teil einer gerade aktuellen Lehre deklariert.

16 Die Ersten werden die Besten sein

Label und Herkunft:

Zeitmanagement, Time-based Management, High-Speed-Management, Tempomanagement; Boston Consulting Group, insbesondere George Stalk jr., und im Nachfeld viele andere Berater

Zeit ist Geld. Mit dieser Erkenntnis im Rücken beschleunigen Schulkinder beim Zeitungsaustragen ihren Schritt. Jeder, wirklich jeder hat den Slogan schon einmal benutzt. Er ist zum Synonym für unsere hoch mobile Gesellschaft geworden, in der es zweifellos als chic gilt, ein wenig gehetzt auszusehen.

Wenn der kleine Erwin seine Zeitungen immer erst ein paar Minuten später losschlägt als seine Mitschüler, dann erntet er wahrscheinlich nur spöttische Hänseleien. Wenn aber Erwins Vater die Vorgaben in seinem Produktionsjob nicht einhält, dann wird er über kurz oder lang in die Arbeitslosigkeit entlassen. Wenn ein Unternehmen einen Monat später als der Wettbewerb mit einem innovativen Produkt auf den Markt kommt, dann bleibt es höchstwahrscheinlich darauf sitzen. Zeit ist Geld.

Der Volkswirt weiß: Mit knappen Gütern muss man vernünftig umgehen (englisch: *to manage*). Das gilt analog auch für die Zeit, und deshalb wurde das Zeitmanagement erfunden. Dieser Terminus ist freilich in höchst unterschiedlichen Zusammenhängen anzutreffen, angefangen bei der Tageszeitplanung mit entsprechenden Hilfsmitteln (vom Taschenkalender bis zum Zwerg-Computer mit Terminwarner) über die Lebenszeitplanung (welcher Karriereschritt folgt wann dem vorhergehenden?) bis hin zur betriebswirtschaftlichen Produktionsplanung. Die Fragen der persönlichen Organisation interessieren uns hier nicht. Wir konzentrieren uns auf das Beratungsprodukt Zeitmanagement.

Zeit bringt Geld

Dass ein so wichtiges Gut wie die Zeit lange ohne den Zusatz »management« auskam, ist auf die Tatsache zurückzuführen, dass Management Consultants normalerweise nach Tageshonoraren bezahlt werden. Doch zu Beginn der achtziger Jahre zwang die gewaltige Nachfrage nach ihrer Dienstleistung die Damen und Herren zur Kontingentierung. Die minder wichtigen Klienten wurden nur noch stundenweise bedient; bei den ganz unwichtigen rechneten die Consultants im Minutentakt ab. Heerscharen von Junior Consultants verbrachten fortan ihre Sonntagnachmittage mit der exakten Stundenplanung für die kommende Beratungsperiode und wunderten sich, dass ihre japanischen Kollegen darüber nur feinsinnig lächelten. In Fernost war das Zeitmanagement nämlich schon längst erfunden worden.

Nachdem die japanische Industrie zunächst durch niedrige Löhne bei hoher Produktivität, dann durch schiere Größe bei spezialisierter Produktion und zuletzt, nach einem weiteren Schwenk, durch flexible Fertigungsprinzipien die restliche Welt das Fürchten gelehrt hatte, identifizierte sie den Faktor Zeit als wettbewerbsrelevant. Seit den späten siebziger Jahren behandeln Nippons Söhne und Töchter die Zeit genauso, wie sie es mit Lagerorganisation und Kantineneinkauf halten: Sie managen sie.

Seither sorgt der effizientere Umgang mit der Zeit für fernöstliche Entwicklungs- und Produktionsprozesse. Nämlich für besonders kurze. Für die Auswirkungen auf den Märkten der Welt lassen sich zahlreiche Beispiele aufführen. Bei Autos und Motorrädern, Kameras und Unterhaltungselektronik überboten sich japanische Hersteller mit neuen Produkten, während in den Entwicklungsabteilungen Europas und Amerikas noch angestrengt nachgedacht wurde. Nicht der überlegene Ingenieurgeist der Erbauer wuchtete die Hondas und Nikons, die Sonys und Hitachis in den Produkthitparaden nach oben, sondern die schnelle Verfügbarkeit innovativer Technik.

Meister, was sagt die Uhr?

Die Kunde von dem, was da bei Honda, Sony und Konsorten als der Wettbewerbsfaktor der Zukunft geoutet wurde, kam mit ein paar Jahren Verzögerung der Boston Consulting Group (BCG) zu Ohren. BCG-Consultant George Stalk jr. griff die Idee auf, publizierte fleißig und stieg im Laufe weniger Jahre zum Guru dieses Beratungsansatzes auf.

Gemeinsam mit seinem Kollegen Thomas M. Hout verfasste Stalk die Bibel der Zeitmanager. *Competing the time*, in Deutschland unter dem Titel *Zeitwettbewerb* erschienen, ist seither die ultimative Gute-Nacht-Lektüre für zeitinteressierte Manager. Dass auf dem Einband auch der damalige Apple-Chef John Sculley das Werk lobt, darf als gelungener Scherz durchgehen. Bekanntlich schlurften unter Sculleys Führung die einstmals genialen Computerbauer gemächlich in ihre Megakrise. Sculley musste Hut und Abfindung nehmen. Ob er das Buch wirklich gelesen hat, ist nicht überliefert.

Stalk erschlägt seine Leser mit umfangreichen Darstellungen des Einflusses des Faktors Zeit auf Kunden, Innovation und Geld sowie die Wirtschaft im Allgemeinen. Wer mag, kann einem Chart entnehmen, dass ein Hersteller von Eisenbahnrädern fast unter dieselben kam, weil er sich beim Produzieren verschiedener Eisenbahnrädertypen verzettelte. Tatsächlich holt der Autor weit aus, und es kostet eine Menge Zeit, die Kernaussagen des Zeitmanagements herauszulösen.

Bei Stalk lautet das Zauberwort »Zeitwettbewerber«. Zu einem solchen entwickelt sich ein Unternehmen, wenn es verstanden hat, worum es geht, und dann die Kriterien fortschrittlichen Zeitmanagements ins operative Geschäft umsetzt. Damit aber niemand glaubt, die Sache wäre einfach und schnell und ohne Beraterhilfe abzuhandeln, dämpft gleich der erste Satz vorschnelle Erwartungen. »Um Zeitwettbewerber zu werden, bedarf es kontinuierlicher, konzentrierter Anstrengung, und das fällt nicht immer leicht.« Das macht nachdenklich. Muss ein Unternehmen, das schneller werden will, viel Zeit mitbringen? Gilt auch für den sicheren Umgang mit der Zeit: »Gut Ding will Weile haben«?

Das kann dauern

Nach Stalk besteht das erfolghemmende Grundübel vieler Unternehmen in der Zeitspanne, die zwischen Idee und Markteintritt des neuen Produktes vergeht. In Deutschland dauert es im Durchschnitt 15 Monate, bevor der Geistesblitz marktreif im Regal liegt. Das beklagte jedenfalls die Boston Consulting Group. In dieser Zeit müssen die Entwicklungskosten und die sonstigen Fixkosten finanziert werden, ohne dass nur ein müder Euro Erlös ins Haus kommt. Schafft ein anderes Unternehmen die gleiche Aufgabe in 14 Monaten, hat es gewonnen.

Das Zeitmanagement geht davon aus, dass sich im Innovationsprozess einige große und viele kleine Zeiteinheiten unbemerkt davonmachen. Es geht also darum, den gesamten Prozess auf solche Ausreißer zu überprüfen und die Entdeckten dauerhaft zu Hausarrest zu verurteilen.

Beratererfahrene Vorstände und Geschäftsführer dürften jetzt nervös werden. Denn keine Vokabel lässt Schlimmeres für die Gewinn-und-Verlust-Rechnung vermuten als das Substantiv »Prozess« in Verbindung mit dem Verb »überprüfen«. Das riecht förmlich nach Dutzenden von Associates, Junior und Senior Consultants, die sich für einige kostspielige Monate im Betrieb einquartieren.

Und dort liegen sie auch richtig. Laut BCG müssen nämlich alle Prozesse auf den Prüfstand: von der Feststellung der Kundenbedürfnisse über Design, Prototyping, Konstruktion und Fertigung bis hin zur Markteinführung.

Was tun?

Im Sinne erfolgreichen Zeitmanagements und anschließender Inthronisierung als Zeitwettbewerber sind folgende Maßnahmen gefordert:

- Interdisziplinärer Einfluss auf Forschung und Entwicklung. Wenn Kostenrechner, Marketingleute und Vertriebsprofis zu spät erfahren, was die Eggheads ausbrüten, wird das Ergebnis korrekturbedürftig sein. Das kostet Zeit.
- Praktiker aus der Fertigung sollten schon im Entwicklungsprozess ihr Wissen einbringen, um Produkte dann möglichst kostengünstig herstellen zu können. Denn stellt sich womöglich heraus, dass ein neues Produkt nicht zu marktfähigen Selbstkosten zu produzieren ist, startet die Maschinerie von vorne. Das kostet wieder Zeit.
- Auch die Qualitätsexperten müssen kontinuierlich und von Anfang an Einfluss auf den Entwicklungs- und Fertigungsprozess nehmen können. Reduziert auf eine Art Produkte-TÜV am Ende des Fließbandes, sind diese Leute zu teuer. Außerdem kosten nachträgliche Reklamationen Zeit.

- Zulieferer und externe Dienstleister müssen frühzeitig darüber informiert werden, was wann und wie benötigt wird. Damit verbunden ist zwar das Risiko, dass die Konkurrenz auch frühzeitig über die Innovation informiert wird. Trotzdem sehen die Berater per Saldo mehr Vorteile in diesem Verfahren, weil die Externen kürzere Anlaufzeiten für die Zulieferung benötigen. Das spart auch Zeit.

In allen Bereichen des Unternehmens lauern weitere schädliche Zeitfallen. Das reicht von langsam weitergereichten Bestellungen auf Grund organisatorischer Schwachstellen und mangelhafter Information der Mitarbeiter über den Sinn flotten Schaffens bis hin zum »Nacheinander« in der Entwicklung und der Produktion, wo ein »Nebeneinander« (die Fachvokabel heißt hier »Simultaneous Engineering«) ebenso möglich wäre. Zeitschlucker stecken auch in einer übertriebenen Meetingkultur, mit der die Mitarbeiter nur von der eigentlichen Arbeit abgehalten werden. Zeit sparen lässt sich durch Just-in-time-Anlieferung von Bauteilen, die dadurch nicht lange im eigenen Lager verweilen. Überhaupt: Warum mit der Rechnungsstellung warten, bis das Produkt beim Kunden angekommen ist?

Die vielen flüchtigen Zeitbrocken können sich hübsch summieren. Boston Consulting glaubt, »in zahlreichen Projekten« festgestellt zu haben, »dass die eigentliche Wertschöpfung eines Prozessablaufs weniger als zehn Prozent der aufgewendeten Zeit ausmacht. Die restlichen 90 Prozent sind Wartezeit und unnötige Schleifen«.

... und was steckt dahinter?

Zeit ist Geld, das wissen zeitungaustragende Kids und verantwortungtragende Führungskräfte gleichermaßen. Letztere können die volle Bedeutung dieser Aussage freilich erst dann ermessen, wenn sie sich ganz dem Zeitmanagement verschworen und eine Beraterflotte engagiert haben, für die Zeit auch Geld ist. Die fahnden permanent wie die grauen Herren aus Michael Endes Roman *Momo* nach Zeiteinheiten im Unternehmen und spähen konzentriert, ob sich hinter der Euro-Palette nicht etwa ein halbes Stündchen versteckt hält.

Aber, ganz ernsthaft: Wenn in einem Unternehmen tatsächlich 15 Monate ins Land ziehen, bis aus einer Idee ein Produkt geworden ist, dann hat dieser Betrieb jede Menge Berater verdient. 15 Monate sind eindeutig zu lang. Natürlich sind die Japaner, Koreaner, Taiwaner und Chinesen schneller. Das sieht man übrigens schon daran, wie flink sie ihren Reis verdrücken. 15 Monate reichen dem Pottwal fast zur kompletten Produktion des Nachwuchses, inklusive sämtlicher Prozessbestandteile. 15 Monate Zeit bekommt heute kein Top-Manager mehr für einen Turnaround zugestanden. Die Bilanz muss nach einem halben Jahr gewendet sein, andernfalls wird der Vorstand gewendet. Eines lassen die Unternehmensberater allerdings gerne unter den Tisch fallen, nämlich die Ermittlungsmethodik, mit der die lange Schnarchzeit zu Tage gefördert wurde. Die Aussagekraft dieses Wertes entspricht in etwa derjenigen einer Durchschnittstemperatur vom 15. Dezember 2000, ermittelt aus Messungen in Kapstadt, Neapel und Murmansk: rechnerisch möglicherweise korrekt, vom Inhalt her entbehrlich.

Durchschnittswerte sagen nichts

Durchschnittlich 15 Monate, das bedeutet beim einen Unternehmen 14 Tage, bei einem anderen drei Jahre, bei einem dritten irgendetwas anderes. Am Swatch-Mobil haben schwäbisch-schweizerische Truppen viele Jahre gebastelt, während technisch weniger komplexe Güter eben schneller fertig sind. Sind es aber bei der Messung ein paar Jahre später nur noch mittlere 14 Monate, dann nennt man das Fortschritt, oder? Vielleicht sind zwischenzeitlich aufwändig arbeitende Industrien, zum Beispiel der Schiffbau, vor die Hunde gegangen. Vielleicht wurden sie nach Fernost verlagert und gehen in die dortige Statistik ein. Vielleicht hat auch nur eine andere Unternehmensberatung andere Durchschnittswerte veröffentlicht.

Selbst für den internationalen Vergleich taugt der Durchschnitt nicht. Er könnte ja nur dann Sinn machen, wenn nationale Industrien identischen Zuschnitts betrachtet würden. Wo gibt es die schon? Selbst unter den Industrieländern, die auch in der Wohlstandshitparade auf den vorderen Plätzen stehen, gibt es erhebliche Unterschiede in den wirtschaftlichen Strukturen. Allein schon der nationale Stellenwert des Automobilbaus ist extrem verschieden, und der arbeitet bekanntlich mit langen Entwicklungszeiten. Hier zu Lande ist er ein bedeutender Wirtschaftsfaktor; in den skandinavischen Ländern nur partiell, nämlich in Schweden; in den Vereinigten Staaten ist er wieder sehr wichtig; in der Schweiz interessiert er niemanden. Andere Branchen sind in den genannten Ländern von ebenso unterschiedlicher Relevanz.

Dass es in einem Unternehmen mehr Sinn macht, einen Vorgang zügiger zu bearbeiten als im Zeitlupentempo, ist hingegen unbestritten. Wenn ein Kunde drei Tage auf seine Bestellung warten muss, nicht etwa drei Wochen, dann macht ihm das Freude. Braucht sein Lieferant immer drei Wochen, ein anderer aber nur drei Tage, dann wird er die nächste Bestellung beim schnelleren Anbieter tätigen. Wenn das Kundenunternehmen nicht die offensichtlich zu lange Lieferzeit bestraft, dann spielen die beiden Chefs miteinander Golf. Oder es gibt andere Gründe, den Lieferanten nicht zu wechseln. Vielleicht kennt man ihn schon ewig und kann im Bedarfsfall mit besonderer Behandlung bei Zahlungszielen, Kulanz und Service rechnen.

Zeit zum Einkaufen

Solche Faktoren spielen im Verhalten gerade kleiner und mittelständischer Unternehmen eine nicht zu unterschätzende Rolle. Manchmal liefern auch die Großen ein Beispiel für Einkaufsverhalten der besonderen Art. Wenn VW vor Jahren unterschrieben hat, bei General Motors für zwei Milliarden Dollar Teile zu kaufen, dann bestimmt nicht deshalb, weil die so schön schnell liefern. Der Deal kam wohl eher zu Stande, weil Kostensenker Lopez die falschen Unterlagen just in time von Rüsselsheim nach Wolfsburg …? Nein, VW hatte Lopez damals eingestellt, weil der die Lieferanten zur Eile antreibt, aber die Sache ging GM viel zu schnell, und außerdem sah der Passat ruck, zuck aus wie der Vectra …? Auch nicht, na gut. Jedenfalls werden die Beziehungen zwischen allen möglichen Unternehmen von allen möglichen Faktoren beeinflusst. Wie mit der Zeit umgegangen wird, ist ein solcher Faktor.

Ungeachtet der Frage, wer mit wem Golf spielt, wer wen verklagt und warum, wer welche Beziehung zwischen Unternehmen für besonders wichtig hält, ist jedes Produkt und jede Dienstleistung das Ergebnis interdisziplinärer Tätigkeit. Ob direkt produktiv oder in der Administration, ob am Reißbrett, am Band oder in der Kantine – alle Mitarbeiter tragen letztlich zum Funktionieren des Ganzen bei.

Natürlich hält sich der Einfluss des Pförtners, der für die Limousine des Entwicklungschefs die Schranke hebt, in Grenzen. Aber auch bei isolierter Betrachtung relevanter Unternehmensbereiche ist doch die Forderung nach funktionsübergreifender Zusammenarbeit selbstverständlich.

Wo, bitte, sitzen von der Welt abgeschiedene Schlaumeier in hermetisch abgeschlossenen Elfenbeintürmen und verpulvern Millionen für die Entwicklung von Produkten, die niemand bezahlen kann, die nichts taugen und die ohnehin niemand braucht? Natürlich sind es die Marktstrategen, die beim Verbraucher die Lust auf Staubsauger orten, mit denen auch flüssiger Unrat zu beseitigen ist. Natürlich sind es Vertriebsexperten, die den Entwicklern sagen, dass ein solches Gerät keine 2000 Euro kosten darf. Natürlich findet diese Definition der Aufgabe statt, bevor ein in jeder Beziehung untauglicher Prototyp das Entwicklerlabor verlassen könnte.

Grenzen der Interdisziplinarität

Dass die interdisziplinäre Besetzung freilich ihre Grenzen hat, liegt auf der Hand. Vertriebsleute sollen im wesentlichen Produkte vertreiben, die Werbetexter haben dem Absatz auf die Sprünge zu helfen und nicht in den Entwicklungsabteilungen herumzulungern. Ansonsten gäbe es keine produzierenden Unternehmen, sondern nur jede Menge Debattierclubs.

In wirtschaftlich gebildeten Kreisen nennt man dieses Prinzip griffig »Arbeitsteilung«. Jene führt »zu größerer Produktivität und ist die Grundlage für wirtschaftlichen Wohlstand« (nachzulesen bei Professor Dr. Artur Woll, *Wirtschaftslexikon*, Seite 42 ff. Wir bemühten die vierte Auflage von 1990. Just in diesem Jahr erschien auch Stalks *Zeitwettbewerb* in erster Auflage. Das aber ist nur reiner Zufall).

Die Behauptung, dass die eigentliche Wertschöpfung eines Prozessablaufs weniger als zehn Prozent der aufgewendeten Zeit ausmache, die restlichen 90

Prozent dagegen aus Wartezeit und unnötigen Schleifen bestünden, stammt aus einer vierteiligen Abhandlung. Sie wurde im Sommer 1994 vom *Blick durch die Wirtschaft* veröffentlicht, Autor: BCG-Partner Hans Seifert. Chefzeitmanager Stalk (BCG in USA) dagegen wird in der Fachliteratur mit der interessanten Spanne von 0,05 bis 5 Prozent eigentlich wertschöpfendem Zeitanteil zitiert. Die Angaben differieren im schlimmsten Fall also um den satten Faktor 200.

Davon abgesehen, dass nicht direkt wertschöpfende Tätigkeiten absolut notwendig sind, um beispielsweise einen Fernseher entwickeln, produzieren, testen, verpacken und ausliefern zu können, zeigt uns die Einigkeit der Berater zweierlei: Es ist alles nicht so einfach, und die Dinge sind vielschichtig, geradezu komplex, wenn nicht sogar undurchsichtig.

Wer Zeitmanagement ernst nimmt, wird dadurch innovativer, kundenorientierter und sogar kostengünstiger. Das ist wunderbar. Wer aber noch nicht so weit ist, schafft es vielleicht später. Denn zum Ende seines Werkes lässt sich Stalk noch zu einer gewagten Prognose hinreißen: »Schon heute lässt sich voraussagen, dass Unternehmen, die den Wettbewerb nicht scheuen, hervorragend gedeihen werden.«

Also, immer daran denken: Die Ersten werden die Besten sein, wer schneller läuft, ist später tot (alte Gazellenweisheit), und wer zu spät kommt, den bestraft das Leben.

17 Was kostet die Welt?

Label und Herkunft:

Globalisierung, Global Management; Boston Consulting Group, McKinsey & Co., Arthur D. Little und andere

Viele Unternehmen der Erde haben sich schon seit einer halben Ewigkeit über die politischen Grenzen ihrer Ursprungsmärkte hinweggesetzt. Für Exxon, Hitachi, Royal Dutch/Shell, IBM, General Motors, Philips, Elf Aquitaine, ABB, Volkswagen, Unilever und unzählige andere Konzerne gibt es nur noch den Globus als Heimatmarkt. Sie haben Tochtergesellschaften im benachbarten oder entfernten Ausland gegründet und Beteiligungen erworben. Manche erwirtschaften heute schon im Ausland den überwiegenden Teil ihres Umsatzes.

Im Jahr 1960 verbuchten multinationale Unternehmen gerade neun Prozent des Welt-Bruttosozialproduktes. Dreißig Jahre später waren es schon 25 Prozent, und im Jahr 2000 produzierten die Global Player rund ein Drittel aller Güter und Dienstleistungen auf der Erde. Der Vormarsch der Weltkonzerne ist nicht mehr aufzuhalten, und täglich kommen neue Riesen hinzu.

Nie zuvor standen die geopolitischen Zeichen für die weltweite Ausweitung des Business so günstig wie heute. Der Ost-West-Konflikt ist Historie. Totalitäre Systeme sind gestürzt, zentralistisch gesteuerte Volkswirtschaften passé. In den jungen Demokratien wurden marktwirtschaftliche Strukturen geschaffen. Der technologische Fortschritt eröffnet kaum vorstellbare virtuelle Welten. Das weltumspannende Internet hat Eingang in die Konzerne gefunden; firmeneigene Datennetze verbinden die Niederlassungen rund um den Globus; der elektronische Datenaustausch macht Informationen in Sekundenbruchteilen jedermann im Unternehmen zugänglich. Viele international tätige Unternehmen haben ihre Reisekosten mittlerweile minimiert: Die Mitarbeiter »treffen« sich mittels Videotechnik in einer virtuellen Konferenz und tauschen sich rund um die Uhr im Cyberspace aus.

Gigantische Absatzmärkte entwickeln sich. In atemberaubender Geschwindigkeit formen sich rund um den Erdball neue Märkte, neue Nachfrager, neue Anbieter. Kurz: We're going global, schallt es aus der Konzernfanfare. Da wollen die Kleinen natürlich auch nicht zu Hause bleiben.

Wohin soll die Reise gehen?

Die erste Frage für den Mittelständler lautet also: Wohin soll die Reise gehen? Von Karlsruhe aus ins Elsass aufzubrechen ist noch lange keine Globalisierung. Auch die kleine Vertriebstochter in Amsterdam wird von richtigen Globalisierern bestenfalls spöttisch belächelt. Nein, ein, besser noch zwei Weltmeere sollten die Schaltzentrale schon von den Leistungsträgern im Ausland trennen. Wie wäre es zum Beispiel mit den Osterinseln? Weit genug weg, ein sicheres politisches Umfeld, keine Gewerkschaften, geringe Steuern, keine Verpflichtung zur Einstellung von Behinderten, geringe Heizkosten …, allerdings auch nur wenig qualifizierte Arbeitskräfte, hohe Klimatisierungskosten, geringe einheimische Kaufkraft, hohe Transaktions- und Reisekosten …, nun gut, das war ein Scherz. Globalisierungsstrategen kennen selbstverständlich nur eine Antwort, nämlich die mit besten Profitchancen: Go east, young boy! Das Bruttosozialprodukt der asiatischen Tiger Hongkong, Südkorea, Singapur und Taiwan, Malaysia, China, Thailand, Indonesien und Vietnam ist gigantisch gewachsen. Japan ist die einst unangreifbare Position los, auch wenn einige der Tiger-Wirtschaften zwischenzeitlich Haare lassen mussten.

Und was tut man nun als weitsichtiger Unternehmenslenker, um sich den Zugang zu den Wachstumsmärkten zu sichern? Ganz einfach: Man ist schon da. Die erfolgreichsten Unternehmen haben längst ihre Fühler nach Asien ausgestreckt, produzieren dort und vertreiben ihre Produkte mit einer nationalen Mannschaft.

Mit der Globalisierung wachsen die Gefahren und Risiken. Für die globalisierenden Firmen. Aber daneben eröffnen sich auch neue Chancen. Auf alle Fälle für ihre Scouts, die Globalisierungsberater.

Globale Globalisierungsberatung

Keine internationale Consultancy weist den Auftrag eines Klienten für eine Globalisierungsberatung heute ab. Wer mit eigenen Büros in New York, Tokio, Sydney, Frankfurt und Jakarta vertreten ist oder sich mit dort ansässigen Partner-Consultants verbrüdert hat, weiß schließlich, wovon er spricht. Und da kann er doch der Jetset GmbH mit Rat (viel) und Tat (na ja) beiseite stehen, oder etwa nicht? Unternehmensberater wissen schließlich alles. Vor allem, wie es ein Unternehmen am geschicktesten anstellt, zum Global Player zu werden.

Die folgende aussagekräftige Textpassage könnte doch glatt aus der Globalisierungsbroschüre einer Beratungsgesellschaft stammen:

»Globalisierung verheißt gleichermaßen mehr Zwang und mehr Freiheit, mehr Vielfalt und mehr Komplexität. Denn Globalisierung bringt eine zusätzliche Dimension in die Organisation, deren Potenzial nur mit einem überlegenen Konzept ausgeschöpft werden kann. Die Schlüsselfrage lautet: Wie kann die durch Globalisierung zwangsläufig angestiegene Komplexität in der Organisation sinnvoll zurückgeführt werden?«

Natürlich setzt erfolgreiche Globalisierung zunächst das Stellen der richtigen Fragen voraus. Bloß: Wie heißen die? Globalisierung kann man nicht an der Management School studieren. Es gibt keine Lehrbücher, keine Standards, keine Rezepte, keine Lösungen aus der Schublade. Jedes Globalisierungskonzept muss unternehmensspezifisch geplant und durchgeführt werden. Und das ist mindestens so aufwändig wie ein Komplett-Reengineering mit Wertmanagementgarnitur.

Jetzt könnten die Werbetexter der Globalisierungsberater natürlich noch eins draufsetzen und die Angst der Manager vor den eigenen Schritten noch weiter schüren:

»Wer sich mit Globalisierungsgedanken trägt oder bereits den Weg dorthin eingeschlagen hat, kennt die Schwierigkeiten. Vieles, was in der Planung vorhersehbar schien, gestaltet sich in der Praxis völlig anders. Vieles, was eher zufällig und situationsabhängig scheint, folgt einem feststehenden Muster. Nur seit Jahren international erfolgreiche Unternehmen sind im Stande, die Muster zu erkennen und die richtigen Schlussfolgerungen zu ziehen. Denn bei der Globalisierung zählt nur eines: Erfahrung.«

Und die haben international tätige Unternehmensberatungsgesellschaften. Aber selbstverständlich.

... und was steckt dahinter?

Das Thema Globalisierung ist alles andere, nur nicht neu. Streng genommen, ist es beinahe so alt wie die Menschheit. Zu allen Zeiten strebten kämpferische Menschen nach neuen Siedlungsgebieten, strategisch denkende Unternehmer nach neuen Märkten. Allein die Aufbruchmotive haben sich gewandelt: vormals aus Lust am Abenteuer und der Hoffnung auf Gewinn – heute aus purer Notwendigkeit.

Wenn ein Unternehmen anderswo erheblich günstiger produzieren kann, oder wenn es sich auf einem fremden Markt bessere Absatzchancen für im Land selbst hergestellte und vertriebene Produkte ausrechnet, oder wenn irgendwelche anderen betriebswirtschaftlichen Argumente für eine Niederlassung in Wo-auch-immer sprechen, dann sollte es das gefälligst auch tun. Dann sollte es diesen Schritt sehr gut vorbereiten, vernünftig planen und sauber durchführen. Wenn das Unternehmen klug geführt wird, kann es das ganz allein. Notfalls könnte man sich innerhalb der Branche vorsichtig umhören, wer welche Erfahrungen gesammelt hat. Wenn das Unternehmen aber nicht klug geführt wird oder sein Management sich den Job nicht allein zutraut, sollte es sowieso die Finger davon lassen. (Das gilt im Übrigen für alle unternehmerischen Maßnahmen.) In diesen Fällen bringt die externe Beratung nicht viel.

Globalisierung gilt gerade auch deshalb hier zu Lande als hoch brisantes Thema, weil bisher noch nicht so viele deutsche Unternehmen in die Riege der Global Player aufgestiegen sind. Wer bereits in China produziert, kann den Nesthockern zu Hause eine lange Nase machen. Selbst wer schon vor Jahren gemeinsam mit Branchenkollegen in Thule und Anchorage eine »Federation for Research and Icing Experiences on Rollers« (FRIER) ins Leben gerufen hat, kann internationalen Krisen locker ins Auge sehen und lacht sich eins. Aber der ahnungslose Hebebühnenhersteller aus dem Schwäbischen (120 Millionen DM Jahresumsatz), der noch gar nicht begriffen hat, dass ihm morgen schon die Konkurrenz aus Malaysia auf den Leib rücken könnte, der ist nach Ansicht vieler Berater rettungslos verloren. Wer heute nicht globalisiert, verliert im Weltwirtschaftsspiel. Selbst Hebebühnenhersteller aus dem Schwäbischen. Mit 120 Millionen DM Jahresumsatz. Gerade die sogar, warnen die Berater …

… und raten dem malaysischen Hebebühnenhersteller (über ihre Niederlassung in Kuala Lumpur), doch schleunigst eine Filiale im Schwäbischen zu gründen.

18 ... und immer an den Aktionär denken!

Label und Herkunft:

Shareholder Value, Shareholder Value Based Management, Value Based Management; McKinsey, Stern Stewart
Total Value Management; Alfred Rappaport
Wertmanagement; The Boston Consulting Group
Stakeholder Value

Tausende von Wirtschaftsbüchern gelangen alljährlich auf den nordamerikanischen Buchmarkt. Nur ein Bruchteil dessen verkauft sich mehr als 10000-mal und wird zu einem Bestseller. Von dem 1986 erschienenen Buch *Creating Shareholder Value* von Alfred Rappaport wurden aber sogar mehr als 50000 Exemplare verkauft. Die Millionen anderer Aktionäre (Shareholder), die es nicht kauften, lasen und hörten in den Medien davon. Dieses Buch löste beachtliche Diskussionen aus.

Tatsächlich: Kaum eine andere Manager-Vokabel hat Ende der neunziger Jahre so vieles bewegt wie Shareholder Value. Um dieses Modewort ranken sich einige konzeptionelle Ansätze, die – ob sie nun Shareholder-Value-Ansatz, Wertmanagement oder Total Value Management heißen – einander recht ähnlich sind. Wörtlich übersetzt heißt Shareholder Value »Aktionärswert«. Der Begriff konzentriert die unterschiedlichen Positionen von Investoren und Managern auf eine einzige Messgröße für den Unternehmenserfolg: die Aktienrendite. Nur diese Kennzahl spiegele den Wertzuwachs eines Unternehmens umfassend und präzise wider und führe dem Anleger den Unterschied zwischen rentablen und unrentablen Geschäften deutlich vor Augen, behaupten die Protagonisten des Konzeptes. Die Investitionen müssten die Kapitalkosten decken und in die besten Verwendungsmöglichkeiten gelenkt werden. Oder, wie es Rappaport seinen Anhängern empfiehlt: »Wenn neue Investitionen nicht eine Performance versprechen, die über dem Aktienindex liegt, dann schütte die Mittel an die Aktionäre aus.«

Wenn man es ganz richtig machen will, darf man nicht nur die Aktionäre bei diesem Ansatz berücksichtigen, sondern auch alle anderen Interessenten, die wie auch immer mit dem Unternehmen verbandelt sind. Die nennt man Stakeholder. Dazu gehören die Manager, die Arbeitnehmer, die Banken, die Gesellschafter und – ein mental-akrobatisches Konstrukt – das Unternehmen selbst. Deshalb heißt das Shareholder-Value-Konzept in der umfänglicheren Großpackung auch Stakeholder-Value-Konzept. Es ist auch vermutlich dreimal so teuer.

Ein weitsichtiger Ansatz

Das Timing dieses Beratungsansatzes war erstklassig gewählt. Immer mehr Unternehmen wagten den Sprung an die Börse, in den beiden zurückliegenden Jahren auch viele, die es hätten lassen sollten. Aber jedes Unternehmen braucht Risikokapital. Kein Anleger wird allerdings wissentlich sein Kapital langfristig ohne die begründete Hoffnung auf eine angemessene Rendite anderen überlassen. Das beweist schon der Boom bei den Investmentberatungen. Nicht der kurzfristige Return-on-Investment, sondern die langfristige Kapitalanlage interessierte denjenigen, der etwas anzulegen hatte. Das änderte sich erst mit dem Nachfrage-Boom auf den Aktienmärkten. Bei uns hatte die Deutsche Telekom AG ihre Papiere als Volksaktie erfolgreich vermarktet, und im Nachfeld zeichnete selbst Oma Bräsig fleißig Aktien der Interklopp AG, die Tennisbälle über das Internet vertrieb. Die Kurse schossen in unglaubliche Höhen, die keinerlei Bezug mehr zu Wert und Ertragslage der Unternehmen hatten. Ende 2000 ging es bergab und bald hatten die Kurse keinerlei Bezug mehr zum einstigen Sparguthaben von Oma Bräsig. Aber gut, viele Profis und viele Ahnungslose hatten viel Geld verdient. Shareholder Value? Natürlich, wenn auch die reine Lehre langfristig angelegt sein sollte.

In den Vereinigten Staaten begünstigte noch ein anderes Phänomen den Durchbruch des Shareholder-Value-Konzeptes. Das war die verbreitete Angst vor der feindlichen Übernahme durch einen Corporate Raider oder Shark, vor menschlichen Haien, die Unternehmen erwarben und anschließend zerfledderten. Die nämlich durchpflügten die amerikanische Firmenlandschaft nach schlecht geführten Unternehmen mit einem hohen Substanzwert. Und der

Aktienkurs musste niedrig sein. Auf dem Papier waren diese Unternehmen also nicht viel wert. Doch wenn der Substanzwert über dem Börsenkurs lag, war der entscheidende Zugriffsmoment für die Haie gekommen. Sie kauften die unterbewerteten Papiere auf Pump und finanzierten später den Kaufpreis durch Weiterverkauf von Einzelteilen wie Immobilien und Tochtergesellschaften. (Etwas Ähnliches vermuteten manche Beobachter bei der ersten Krupp-Attacke auf den Stahlkonkurrenten Thyssen im März 1997.) Die Überschüsse beim Verkauf blieben die Beute der Raider. Ist aber das Verhältnis von Markt- zu Buchwert der Aktien positiv, so die Hoffnung der verzagten Manager, dann verlieren die Raider den Anreiz, überhaupt eine feindliche Übernahme zu wagen. Und deshalb muss der Aktienkurs rauf, koste es, was es wolle. Gell, Herr Schrempp?

In Amerika überzeugte diese Logik selbst die Rechtsprechung. Eine amerikanische Aktionärsgruppe zog nach der Übernahme von Technicolor vor Gericht und behauptete, der Preis habe unter dem Wert der Aktien gelegen. Rappaport kam in seinem Gutachten zu der Überzeugung, dass der Kaufpreis angemessen gewesen sei. Er hatte das Unternehmen nach der Shareholder-Value-Methode bewertet. Die Richter akzeptierten die Expertise und wiesen die Klage ab.

Nicht kleckern, sondern klotzen

Das Konzept ist ebenso komplex wie kompliziert. Das wissen wir und behaupten: Die wenigsten Führungskräfte haben es jemals vollständig begriffen. Für sie deshalb noch einmal mit anderen Worten: Total Value Management fordert die Manager dazu auf, den Marktwert des Eigenkapitals zu erhöhen. Das gesamte »Zielsystem« des Unternehmens solle auf die Schaffung von Wert für die Anteilseigner ausgerichtet werden, eifern Unternehmensberater.

Was das in praxi heißt? »Nun«, erklärt der Consultant, »als Erstes kündigen wir das neue Denken mit einer wirkungsvollen Kommunikationsstrategie und der Gründung einer Investor-Relations-Abteilung an. Eine geschmackvolle Broschüre für die Aktionäre, vielleicht auch ein Video? Eine Sonderausgabe der Firmenzeitung für die Mitarbeiter, Informationen an die Presse und so weiter, Sie wissen schon. Das Übliche halt. Dann steigen wir richtig ein. Das Finanzsystem, also die komplette Buchhaltung, muss gründlich überarbeitet werden. Eine am Wert orientierte Systematik und ein kleines Kennzahlensystem müssen auch her. Meine Leute machen das schon. Dann sollte die neue Wert-Philosophie in den Köpfen der Führungskräfte verankert werden, und das geht am besten durch ein konsequent am Wert orientiertes, leistungsgerechtes Anreiz- und Vergütungssystem. Zum Schluss wird ihre gesamte Belegschaft auf den Unternehmenswert eingeschworen – sicher, bis runter zum Pförtner, Konsequenz ist das A & O beim Wertmanagement, glauben Sie mir – also ein paar Wochen intensives Training – wir übernehmen das natürlich gerne für Sie – dürften reichen.«

Achsen haben Zielfunktionen

Der Aufwand geht leicht in die Millionen. Ein kleines Königreich für eine Antwort. »Wertmanagement«, so versicherte nämlich die Boston Consulting Group, »liefert die Antwort auf die einfache Frage: Wie kann das Unternehmen sicherstellen, dass es den maximal möglichen Wertzuwachs hervorbringt?«

Ja, wie denn?

Hören wir, was Thomas Lewis von der Boston Consulting Group dazu sagte: »Wertmanagement schließt zwei Achsen unternehmerischen Handelns ein: die Achse von Vision und Strategie einerseits, die Achse von Wertmanagement andererseits. Doch die Zielfunktion beider Achsen ist die gleiche: das Gesamtportfolio des Unternehmens in wachstumsträchtige Bereiche umzuschichten.«

Ach was? Geht es vielleicht ein bisschen konkreter?

Thomas Lewis: »Gute Manager müssen sowohl die Unternehmer- als auch die Investorensicht im Auge behalten. Es gibt einen Fluchtpunkt, in dem diese beiden Perspektiven zusammenlaufen: die Aktienrendite. Sie ist der einzige ganzheitliche Maßstab für die Wertschaffung.«

Aktienrendite? Das klingt griffig, das versteht man, das ist schlecht. Konzepte, die dem Gegenüber sofort einleuchten, lassen sich nicht verkaufen. Komplizierte Methoden, deren Hintergründe nicht beim Lunch erklärt werden können, laufen besser. Vor dem Hintergrund dieser Beraterweisheit entwickelte sich ein sportlicher Wettbewerb unter den Consultants um die einzig wahre Messgröße zur Berechnung des Shareholder Values.

Im Angebot:

- der *Discounted Cash-Flow* (Rappaport, McKinsey). Dabei wird der Unternehmenswert für die Eigentümer anhand von diskontierten, zukünftigen Zahlungsüberschüssen ermittelt;
- der *Cash-Flow-Return-on-Investment*, kurz: *CFROI* (Boston Consulting Group). Der CFROI ist ein interner Zinsfuß für bestehende Geschäfte, gemeint sind Tätigkeitsfelder oder Unternehmenseinheiten. Nur solche Geschäfte, deren CFROI die Kapitalkosten übersteigt, werden gefördert;
- der *Economic Value Added* oder *EVA* (Stern Stewart) dient der Leistungsmessung des Managements. Er ergibt sich aus dem Betriebsergebnis nach Steuern abzüglich Kapitalentgelt.

Wer sparen will, muss zahlen

Alle Verfahren zielen erklärtermaßen darauf ab, Vermögensverschwendung zu erschweren. Da sie aber zunächst für teures Geld implementiert werden müssen, führen sie ihren Vorsatz zunächst einmal durch die Hintertür ad absurdum.

In vielen Unternehmen ist die Shareholder-Value-Methode heute gang und gäbe. Kaum ein Unternehmen kann es sich leisten, die Aktionäre zu übergehen. In den Vereinigten Staaten ist zudem der Druck des Kapitalmarktes sehr stark. So kann etwa der amerikanische Pensionsfonds Calpers, der die Renten für die öffentlichen Bediensteten in Kalifornien verwaltet und jedes Jahr die schlechtesten Aktien aus seinem Portefeuille ausmustert, diese Firmenmanager gezielt unter Druck setzen. Wenn sie nicht mit einer überzeugenden Strategie zur Steigerung des Marktwerts aufwarten können, droht Calpers, mit dieser Schmach an die Öffentlichkeit zu gehen. Es scheint hervorragend zu funktionieren: Die meisten Manager haben Angst, ihren Job zu verlieren.

Und davon profitieren … na, wer schon? Selbstredend die Erfinder der Konzepte.

... und was steckt dahinter?

Das Shareholder-Value-Konzept macht im Grunde Sinn. Aber neu ist es nicht. Die moderne Betriebswirtschaft kennt den Ansatz bereits seit den sechziger Jahren. Und das Prinzip selbst ist jahrtausendealt. Schon im alten Orient betätigten sich vermögende Zeitgenossen als Darlehensgeber. Sie verlangten, klar, einen Zins für den Verleih des Geldes. Auch den Griechen war das Prinzip geläufig: Privatbankiers nahmen Einlagen an und vergaben die Einlagen als Kredite an Dritte. Dafür wollten sie natürlich eine Rendite sehen, und zwar eine möglichst hohe. Dass dieser uralte Gedanke in den achtziger Jahren des letzten Jahrhunderts noch einmal vom Himmel fiel, euphorisch aufgegriffen und debattiert wurde, ist ein hochgradig erstaunliches Phänomen.

Andererseits: Es wurde auch hinreißend vermarktet!

Bereits von der Sache her weist Total Value Management alle Merkmale eines erstklassigen Beratungsproduktes auf. Schließlich werden der Kundschaft gleich mehrere frohe Botschaften vermittelt. Die Konzentration auf den Shareholder Value

- schützt den Vorstand vor feindlichen Übernahmen (und damit vor dem Verlust seines Jobs);
- sichert dem Topmanagement das Wohlwollen seines Aufsichtsrates und seiner Aktionäre (und wird mit kräftigen Tantiemen honoriert);
- beweist, dass der Vorstandschef, managementtechnisch betrachtet, à jour ist (das deutet auf eine Vertragsverlängerung hin);
- liefert der Führungsriege ein prima Alibi für die Aufgabe nicht-wertschaffender Unternehmensbereiche (und bemäntelt das Faktum, dass dort jahrelang sehenden Auges Verluste eingefahren wurden);
- eignet sich bestens als Entschuldigung des Arbeitsdirektors für abgelehnte Betriebsratsforderungen (und erlaubt so Everybody's Darling, sich vor einem klaren »Nein!« zu drücken);
- sollte stets mit einem neuen Anreiz- und Vergütungssystem für die Leitenden verknüpft werden (selbstverständlich im Sinne von mehr Anreize, mehr Vergütung) und
- birgt die einmalige Chance, dass anlässlich der (komplexen) Implementie-

rung des Konzeptes unauffällig ein paar überzählige Leichen aus dem Keller geschafft werden können.

Herz, was willst du mehr?

Sofort nachlegen: Der Weiße Hai, Teil 5

Gleich mehrere clevere Gesellschaften entwickelten das Total Value Management gewinn- und prestigeträchtig weiter. Neben dem bereits erwähnten Alfred Rappaport betätigte sich eine ganze Reihe Consultants als Buchautoren. Denn das Beratungsprodukt ist selbst für den Normal-Betriebswirt nicht auf Anhieb verständlich und daher außerordentlich erklärungsbedürftig. Zum Ausgleich begünstigte diese Tatsache die Berichterstattung in den Wirtschaftsmedien.

Zudem verschaffte sich die Consulting-Szene noch reichlich selbst gemachte Publicity. Vor allem auf Grund der unterschiedlichen Berechnungsmethoden des Shareholder Value entstanden regelrechte Schulen, die einander erbittert bekämpfen.

Immer mehr Unternehmen überlegten mitten in den kritischen neunziger Jahren, wie sie nach diesen Methoden eine Wertsteigerung hinbekommen. DaimlerChrysler-Chef Jürgen Schrempp wurde nachgesagt, in jedem zweiten Satz das Schlagwort »Shareholder Value« im Munde zu führen. Daraus schlossen manche Analysten nur auf Lippenbekenntnisse. Shareholder Value wurde zum Wahn, zum Kult, zur Manie. Für die Unternehmenslenker deutscher Konzerne schien es kein anderes Gesprächsthema mehr zu geben. Bis die Belegschaften und die Öffentlichkeit eines Tages empört reagierten. Sie verstanden die neue Managementmode nämlich als plumpen Versuch, auf ihre Kosten ungehemmte Profitgier auszuleben.

Schlanksein bringt's, zweite Klappe

Besonders in Verbindung mit dem zeitgleich propagierten Reengineering (siehe Kapitel 15) hatte die neue Konzentration auf den Unternehmenswert fatale Folgen. Viele Manager dachten sich den Ablauf so: Verschlanken, Abbau der

Belegschaft, Steigerung der Produktivität, und schon saust der Börsenkurs nach oben. Jack Welsh, ehemals Chef von General Electric, hatte es doch vorgemacht. Das Vorbild vieler smarter Manager verschlankte sein Unternehmen, indem er fast die Hälfte der Mitarbeiter binnen 15 Jahren entsorgte. Und der Börsenkurs stieg immer weiter nach oben.

Sensibel sprechen manche Berater seitdem nur noch von Unternehmenswertsteigerung. Manchmal heißt es auch Value Based Strategic Management, kurz VaBaStraM. Doch ist das auch nur ein neuer Name für das immer gleiche Verfahren: Steigere die Gewinne, und du steigerst den Börsenwert. Wie steigert ein Unternehmen die Gewinne? Indem die Lohnkosten reduziert werden. Also: Wirf den Ballast, sprich Arbeitnehmer, die das Unternehmensboot voranbringen, also die Ruderer, über Bord, engagiere zwei neue Trommler, und lass den Rest der Mannschaft schneller rudern. Hurra, Ziel erreicht. Die Börse klatscht Beifall – meistens jedenfalls. Was, der Aktienkurs ist im Keller? Sofort die Trommler wegen erwiesener Unfähigkeit entlassen. Dafür werden drei neue Trommler engagiert und weitere Ruderer ins Meer geworfen. Und so weiter.

Doch die schärfste Kritik am Börsenwertwahn kam – natürlich – schon wieder aus den USA. Der New Yorker Ratingexperte Edward Emmer sprach aus, was viele Arbeitnehmer befürchten: »Es haben sich bereits die unmöglichsten Exzesse ereignet. Vieles, was da getan wird, ist verantwortungslos.« So manches Unternehmen sei bei der gnadenlosen Orientierung am Shareholder Value in den Bankrott getrieben worden. Und Stephen Roach, Chefökonom der New Yorker Investmentbank Morgan Stanley und in den achtziger Jahren noch Befürworter des schlanken Unternehmens, sah bald eine allgemeine Magersucht der Konzerne voraus. Er befürchtete, dass zu viel weggeschnitten wird, »nicht nur vom Fett, sondern zunehmend auch von den Muskeln« (Roach).

Doch dagegen können die ökonomischen Hausärzte der Manager gewiss etwas tun. Muskelstärkende Rezepturen gehören zu ihren Spezialitäten. Und sollte die Medizin wider Erwarten nicht anschlagen, dann wird eben amputiert. Und weg ist der Schmerz.

19 Hab' Vertrauen ...

Label und Herkunft:

Outsourcing; Facility Management; EDS 1962
Co-Sourcing; EDS 1993

»Outsourcing« – das Kunstwort kombiniert die Begriffe »outside« und »resourcing«. Es bezeichnet die beliebte Strategie, externe Dienstleister mit Aufgaben zu betrauen, die zuvor im eigenen Unternehmen erfüllt wurden. Statt eigene Ressourcen für betriebliche Nebenfunktionen, zum Beispiel den Betrieb des Rechenzentrums oder des Fuhrparks, einzusetzen, kauft man diese Leistungen auf dem Markt ein.

Die Vorteile des Fremdbezuges sind Kosteneinsparungen und die Nutzung fremden Know-hows: Wenn der Dienstleister den Computer betreibt, muss er ihn auch bezahlen und wird er das teure Gerät höchstwahrscheinlich richtig einzusetzen wissen. Wenn der Dienstleister das Personal antreibt, dann muss er es bezahlen, und er wird die Leute richtig einzusetzen wissen. Macht er das nicht, ist das sein Problem. Dieses Prinzip gilt für jede Branche und für jede »outgesourcte« betriebliche Funktion.

Zur Darstellung der Vorgehensweise und der verschiedenen Outsourcing-Formen eignet sich die Informationstechnologie (IT) besonders gut. Hier haben sich Nachfrage und Angebot prächtig entwickelt. Das liegt zum einen an der Eigenart der IT, ausgesprochen schnelllebig zu sein. Neue Hard- und Software, immer viel besser als die Vorgängerprodukte und für den sofortigen Einsatz bestimmt, drängt mit hohem Tempo auf den Markt. En vogue zu sein kommt teuer. Zum anderen ist die IT ein beliebter Kandidat für die Auslagerung, weil sie problemlos unabhängig vom Kerngeschäft des Unternehmens betrachtet werden kann. Eine Lohnabrechnung für 2000 Mitarbeiter bleibt immer eine solche, ob der Betrieb nun Radios baut oder Bananen verkauft.

Wissen, wie es geht

Das Argument, auf fremdes, gut entwickeltes Know-how zurückzugreifen, trifft beim IT-Outsourcing natürlich auf offene Ohren. Spezialisierte Dienstleister sind eher in der Lage, die Ausbildung ihrer Mitarbeiter dem Entwicklungstempo der IT anzugleichen, technische Innovationen auf ihre Tauglichkeit zu prüfen und ihre Aufgaben mit den besten erreichbaren Methoden zu lösen.

Hier zu Lande wurde Outsourcing erst mit Beginn der neunziger Jahre zu einem ebenso viel diskutierten wie stark nachgefragten Angebot. Seither freuen sich besonders die IT-Dienstleister über ihre Auftragsbücher. Das Konzept ist aber schon viel älter. Es beruht auf dem, was von Electronic Data Systems (EDS) 1962 unter dem Label Facilities Management eingeführt wurde. Die amerikanische Company, heute noch eine ganz große im Outsourcing-Geschäft, meinte damit die Übernahme von Dienstleistungen in der Datenverarbeitung.

Ethnologisch betrachtet gehört Outsourcing zur Gattung der Unternehmensdiäten. Wer einen Unternehmensbereich gänzlich auslagert, macht sich auf einen Schlag ein gutes Stück schlanker. Dementsprechend profitierte das Outsourcing-Geschäft von allen einschlägigen Trends und Methoden: Konzentration auf das Kerngeschäft, Lean Management (siehe Kapitel 8) usw.

Wir unterscheiden drei grundsätzliche Formen des Outsourcing, die Dr. Hartmut Horchler (*Outsourcing*, Köln 1996, Seite 16ff.) optimistisch als Partnerschaften charakterisiert. Er gliedert den Markt in Inhouse-, Dienstleistungs- und Kooperationspartnerschaften.

Wir verkaufen unser Mutter ihr klein Tochter

Inhouse-Outsourcing klingt zunächst widersprüchlich. Es bezeichnet das von Konzernen oft praktizierte Verfahren, eine betriebliche Funktion zu verselbstständigen. Technische Einrichtungen und Mitarbeiter werden in ein neu gegründetes Unternehmen eingebracht, wovon sich die Eigentümer in der Regel effizientere Abläufe sowie steuerliche und haftungsrechtliche Vorteile versprechen. Der Unterschied zu einem Profit Center liegt in der juristischen Autonomie der Neugründung.

Dienstleistungspartnerschaften entstehen durch Outsourcing von Leistungen an Fremdunternehmen. Dies ist die häufigste Form der Auslagerung (Horchler ermittelte in seiner Untersuchung einen Wert von 57 Prozent, heute dürfte er noch höher liegen). Theoretisch stellt der Dienstleister technische Infrastruktur und Mitarbeiter, in der Praxis übernimmt er oft beides ganz oder teilweise vom Auftraggeber. Das Vertragsverhältnis zwischen den Partnern ist grundsätzlich langfristig angelegt. Sieben bis zehn Jahre sind die Regel.

Kooperationspartnerschaften stellen eine Mischung der beiden vorgenannten Formen dar. Sie liegen beispielsweise dann vor, wenn sich der Auftraggeber an einem Dienstleister beteiligt oder mit ihm zusammen ein neues Unternehmen gründet, um ihm anschließend betriebliche Funktionen zu übertragen.

... und was steckt dahinter?

Zunächst einmal das uralte Prinzip der Arbeitsteilung. Wer Fertigeintöpfe herstellt, kann die Möhren dafür selber ziehen – er muss es aber nicht. Jedes Unternehmen bezieht Dienstleistungen und/oder Produkte von anderen Unternehmen. Man nennt das Einkauf.

Na gut, das war unfair. In den Angeboten der diensteifrigen Externen heißt es ja nicht: »Sie bauen Kettensägen? Das erledigen wir jetzt für Sie« oder: »Nutzen Sie unser Know-how in der Schweinemast.« Es geht um die Auslagerung von Funktionen abseits vom Kerngeschäft. Das allerdings leidet an den durchaus unterschiedlichen Definitionen. Kerngeschäft, was ist das?

Wer die allgegenwärtige Lean-Begeisterung verfolgt hat, kann zu dem Schluss gelangen, dass es ein Kerngeschäft im Sinne von »Das sollten wir selbst machen« für Protagonisten der reinen Lehre (oder besser »Leere«) nicht gibt. Ab dafür und weg damit, die Geschäftsführung hat nur noch die Aufgabe, externe Dienstleister zu koordinieren.

Der Spareffekt ist fraglich

Zum Kostenargument: Natürlich bezahlt das Unternehmen als Auftraggeber den Computer oder anderes Equipment und ebenso die Mitarbeiter. Es bezahlt sie nur anders, nämlich in vertraglich festgelegten Häppchen, in Dateneinheiten, englisch: MIPS (Million Instructions per Second), die in der Regel auf die Monate der Vertragslaufzeit mit dem Outsourcer verteilt werden. Das macht die Sache planbar. Ob es unter dem Strich auch billiger kommt, ist damit noch lange nicht gesagt.

Das oft gebrauchte Argument pro Outsourcing, durch verringerte Komplexität teuren Ballast abwerfen zu können, greift nämlich nicht immer. Je weitgehender die Auslagerung betrieben wird, desto größer wird der Aufwand für Koordination und Kommunikation. Und im Ernstfall streitet man sich mit einem Fremdunternehmen, das natürlich seine eigenen Ziele verfolgt. Ob das Verhältnis einst »Partnerschaft« getauft wurde oder nicht, spielt dann keine Rolle mehr.

Je größer der Kostendruck, desto problematischer kann sich die Zusammenarbeit mit den Externen gestalten. Denn die müssen ihre Kosten ebenso misstrauisch beäugen und finanzielle Zugeständnisse an Auftraggeber irgendwie ausgleichen. Der Forderung des Kunden: »Die Leistung X muss billiger werden« begegnet man dann gerne mit dem Hinweis: »Okay. Dann machen wir bei Y ein bisschen weniger.« Vielleicht verzichtet der Dienstleister auch auf den Hinweis und schreitet gleich zur Reduzierung. Lange Verhandlungen, Reibereien zur Auslegung vertraglicher Vereinbarungen, Nachbesserungen derselben – das kostet Nerven, Zeit und Geld.

Arzt, im Nebenjob Bestatter

Gerade bei IT-Dienstleistern sollten die verheißenen kostensenkenden Potenziale hinterfragt werden. Auf diesem Markt tummeln sich bekanntlich Anbieter, die sowohl die Beratung über den sinnvollen Umfang und die Ausgestaltung des Outsourcing übernehmen als auch die Dienstleistung selbst. Man stelle sich vor, der TÜV hätte eigene Werkstätten, die die Defekte am Auto nach Verweigerung der neuen Plakette sogleich kostenpflichtig beheben. Dass die Zahl der festgestellten Mängel steigen würde, steht wohl außer Frage.

Ein williges Unternehmen trägt die Kosten für die Beratung, dann das vertraglich festgelegte Sümmchen für die extern erbrachte Dienstleistung und den Aufwand für organisatorische Änderungen zur Bereitstellung einer funktionierenden Schnittstelle zum Dienstleister. Ob das alles so viel billiger kommt?

Vielleicht hilft grübelnden Kostenrechnern die Erkenntnis, dass sie gute Chancen haben, für ihr gutes Geld ein gutes Stück Abhängigkeit gleich mitgeliefert zu bekommen. Outsourcing ist nämlich, wir sagten es bereits, immer eine langfristige Sache. Und wer zehn Jahre lang seine IT nicht selbst betrieben hat, der wird wohl dabei bleiben. Zumal sein Dienstleister in den Jahren viele Erkenntnisse übers Kundengeschäft gewonnen hat, von denen nicht unbedingt der nächste Outsourcing-Kunde, womöglich ein Wettbewerber, profitieren sollte. Natürlich steht in den Verträgen etwas von absoluter Geheimhaltung oder dergleichen. Und natürlich glauben wir fest an die strikte Einhaltung solcher Vereinbarungen.

Auch unter qualitativen Gesichtspunkten kann der Fremdbezug nach hinten losgehen. Die Kunden eines Unternehmens interessieren sich nicht dafür, ob in einem Produkt zugelieferte Bauteile enthalten sind oder das Unternehmen administrative Funktionen ausgelagert hat. Die Kaffeemaschine streikt nämlich in Gänze, und da steht beispielsweise Krups darauf, obwohl oft gar nicht Krups darin ist. Wen anders aber als den ausgewiesenen Hersteller soll der Kunde verantwortlich machen?

Stihl hat Stil

Es gibt Unternehmer mit einem guten Ruf, die das erkannt haben und deshalb bei der Verringerung ihres funktionalen Tiefgangs Vorsicht walten lassen. Dazu gehört beispielsweise Hans Peter Stihl, mit seiner Unternehmensgruppe weltweit führend bei den bereits erwähnten Kettensägen. Im Gegensatz zu anderen Herstellern fertigt er die Schneidgarnitur (vulgo: Kette) seiner Sägen selbst. Er macht das deshalb, weil seine Konstrukteure in Motoren und Schneidgarnituren funktionale Einheiten sehen, die aufeinander abgestimmt werden. Vorteile bei Lebenserwartung und anhaltender Schärfe seien die Folge. Der Waiblinger Unternehmer, im Arbeitgeberlager immer noch eine feste Größe, muss es wissen, erfreuen sich seine Baumkiller doch bei Rodungsaktionen in aller Welt allergrößter Wertschätzung.

Gegenwind bekam die Strategie auch aus einer gänzlich unerwarteten Richtung. Die Unternehmensberatung Wieselhuber & Partner hatte laut einem Bericht der *Wirtschaftswoche* (Nr. 37/ 1992, Seite 54) ermittelt, dass nicht weniger als ein Viertel aller Industrieunternehmen mit dem Gedanken schwanger gingen, ihre Fertigungstiefe sogar zu erhöhen. Sie seien besorgt, für Umweltsünden ihrer Lieferanten von Vorprodukten letztlich verantwortlich gemacht zu werden. Diesbezüglich kritische Komponenten wollten sie doch lieber selbst herstellen.

Wir wagen einmal eine These, die in der Fachwelt bislang noch nicht vertreten wurde. Die Begeisterung für Outsourcing als Ergebnis des kollektiven Schlankheitswahns der Unternehmen steht in engem Zusammenhang mit dem unrühmlichen Ende der DDR. Das Sterben vieler Industrieunternehmen jenseits der Elbe nach dem Dreh zur Marktwirtschaft lag unter anderem in ihrer Gewohnheit, alles selbst zu machen. Wer in Rostock Schiffsmotoren baute, schraubte sie mit Gewindebolzen und Muttern zusammen, die aus eigener Fabrikation kamen. Spezialisierte Zulieferer im Lande gab es nicht, Devisen für qualitativ befriedigende Importware rückten die Ostberliner Planungsstrategen nicht heraus.

Rausch der Fertigungstiefe

Das machte alles nicht viel aus. Das Motorenwerk verkaufte weltweit zu Niedrigpreisen und bekam die eingenommene Hartwährung gegen Ost-Mark eingetauscht. Davon gab es genug, um den Rausch der Fertigungstiefe zu bezahlen. Mit der Einführung der West-Mark erledigten sich die monetären Tauschgeschäfte von einem Tag auf den anderen. Selbst der Mensch mit dem Rasenmäher, zuständig für die Pflege der Außenanlagen, war aber nach wie vor fest angestellt und wollte in neuer Währung bezahlt werden. Das ging nicht lange gut.

Die Unternehmen der alten Bundesländer haben sich das seinerzeit sehr genau angesehen. Standen sie doch mit der Brieftasche in der Hand in Lauerstellung, um kleine Filetstücke günstig zu übernehmen und ab und an aufkeimenden Wettbewerb rechtzeitig zu unterbinden. Bestimmt haben sie sich dabei eine hartnäckige Allergie gegen do-it-yourself geholt, an der sie heute noch leiden. Deshalb ist Outsourcing von einer neuen Idee zur Selbstverständlichkeit geworden. Die Ausprägung schwankt je nach Definition des Kerngeschäftes der Unternehmen.

20 Wo geht's denn hier zum Kunden?

Label und Herkunft:

Kundenorientierung, Key-Account-Management; alle Beratungsgesellschaften
Discovery; The Boston Consulting Group
Clienting; Edgar K. Geffroy
Beziehungsmanagement; Kienbaum & Partner

Von David Bonelli, Ex-CEO und Präsident des früheren amerikanischen Computerherstellers M/A/I Basic Four, wird berichtet, dass er jedes Managementmeeting mit derselben Beschwörungsformel eröffnete: »There is nothing more important but our customer.« Denn gegen Mitte der achtziger Jahre wurde auch die erfolgverwöhnte Computerbranche mit der Erkenntnis konfrontiert, dass der Kampf um die Kunden härter geworden war.

Das hatte, drei Jahrzehnte zuvor, schon die Konsumgüterindustrie gemerkt. Mit dem Ende der kriegsbedingten Warenknappheit verwandelten sich die Verkäufermärkte in Käufermärkte. Nun musste man etwas tun, um neue Kunden zu gewinnen und alte bei der Stange zu halten. Der Begriff »Marketing« wurde erfunden und der Kunde auf den Thron gehoben.

Kunden lassen sich grundsätzlich in zwei Klassen unterteilen: in die wichtigen Kunden – auch Groß- oder Schlüsselkunden genannt – und in die nicht ganz so wichtigen Kunden. Bei vielen Unternehmen folgt die Aufteilung der 20/80-Regel: Mit 20 Prozent der Kunden werden 80 Prozent der Umsätze erzielt. Und auf diese wichtigen 20 Prozent der Kunden hatte es das Key-Account-Management, zuweilen auch »Large Account Management« genannt, abgesehen. Es bezeichnet eine Organisationsform des Vertriebs, die den Schlüsselkunden besondere Vorrechte und ein höheres Maß an Zuwendung seitens des Lieferanten zugesteht. So wurden aus langjährigen Außendienstmitarbeitern mit guten persönlichen Drähten zu bestimmten Kunden über Nacht Key-Account-Manager, ohne dass der Firmenchef eine Mark dazubezahlen musste.

Heute ist Key-Account-Management ein alter Hut und Key-Account-Manager finden sich in Unternehmen aller Größenordnungen, vom Milliardenkonzern bis zum mittelständischen Hebebühnenhersteller.

Neues vom Zaunkönig

Seit einigen Jahren, wohl mit Blick auf das Dienstleistungsparadies USA, machen Kunden auf breiter Front mobil und pochen doch tatsächlich auf eine besondere Behandlung. Sie wollen nicht mehr nur Zaungast der Privatgespräche von SchuhverkäuferInnen sein, sondern endlich ein uraltes Motto am eigenen Fuß erleben.

»Der Kunde ist König« – dieser Satz ist tatsächlich ebenso alt wie gelogen. Na gut, manchmal stimmt er schon. Da denken wir an den freundlichen Krämer von nebenan, der mit den Worten »Für Sie mache ich doch alles« Gabis schwere Einkaufstüten zum Auto trägt. Auch für den Schneidermeister ist sein Kunde König, wenn er ihn beim Maßnehmen ob seiner Figur lobt. Krämer und Schneider haben, volkswirtschaftlich betrachtet, vieles gemeinsam, vor allem eines: Ihre Umsätze sind, gemessen an dem der Konzerne, nicht mehr als Quantités négligeables.

Häufiger treffen wir doch auf Verkäufer, die schon eine halbe Stunde vor Ladenschluss jeden Kunden als störend empfinden und das auch deutlich zeigen. Normalerweise, also zu anderen Tageszeiten, sind diese Menschen ganz verständig, sie hassen ihre Kunden nicht wirklich. Sie hegen ihnen gegenüber eine eher neutrale Emotion. Gleichgültigkeit dürfte das treffende Substantiv sein.

Das »Was-scheren-mich-unsere-Kunden«-Syndrom ist überall anzutreffen, längst nicht nur im Verkauf. Hier fällt es nur besonders auf. Landstrichweise sind ganze Unternehmen davon befallen. Wer das nicht glaubt, sollte einmal ein defektes Billig-Notebook beim Computer-Discounter abgeben und den mit einiger Wahrscheinlichkeit folgenden Leidensweg protokollieren. Wenn die Reparatur drei Wochen dauert und in etwa die Hälfte des Neupreises verschlingt, dann ist die Sache noch gut ausgegangen.

Kundenorientierung ist eine Philosophie

Kundenorientierung als Grundphilosophie eines Unternehmens ist uneingeschränkt zu befürworten. Das entdeckten in den frühen neunziger Jahren immer mehr Betriebe. Verkäufermärkte gibt es nun einmal nicht mehr, einmal abgesehen von Dienstleistungen durch die öffentliche Verwaltung. Der täte ein wenig mehr Kundenorientierung gut. Aber das ist ein anderes Thema.

Der Kunde hat folglich die Wahl zwischen verschiedenen Anbietern, und er entscheidet sich für den, der ihm die beste Leistung bietet. Beste Leistung: Das ist das zufrieden stellende Zusammenspiel von guter Qualität, interessantem Preis und zuvorkommendem Service. Dies gilt natürlich nicht nur für den Endverbraucher. Als Kunden sind ebenso Abnehmer im Business-to-Business zu verstehen. Das sind die wichtigsten Kunden überhaupt, denn die finanzieren auf Grund der viel höheren Umsätze direkt die Gehälter ihrer Lieferantenvorstände.

Als das die Unternehmensberater begriffen hatten, waren sie flugs mit von der Partie.

Der Grundsatz »Kundenorientierung« liefert die Basis für einige hübsche Managementkonzepte, die sich trefflich an ratlose Konzernlenker verkaufen lassen. Die Berater freuen sich über die anhaltende Konjunktur. Fast alle führen die Nachhilfe in Sachen Kundenorientierung im Programm. Zur besseren Abgrenzung zu den Produkten der Mitbewerber haben einige ihren einschlägigen Diensten einen wohlklingenden Namen gegeben. Der lässt sich obendrein auch noch als Warenzeichen schützen.

Prominente Inhaber von Eigengewächsen zur Kundenorientierung sind die Boston Consulting Group (BCG) und der Düsseldorfer Berater Edgar K. Geffroy. Während BCG ihr Konzept »Discovery« genannt hat, spricht Geffroy von »Clienting«.

Discovery bedeutet Entdeckung, laut den Erfindern auch »intelligente Kundenerforschung«. Der Ansatz geht davon aus, dass sich die Beziehungen zum Kunden im beiderseitigen Interesse vertiefen lassen, wenn es gelingt, die Kenntnisse über dessen Geschäft auf allen Ebenen auszubauen. Welche Strategien und Visionen hat mein Kunde? Unter welchen Marktbedingungen operiert er? Wie gut kenne ich meine Position bei meinem Kunden? Wie wichtig bin ich für ihn?

Wichtig sind die Stammkunden

Der Schwerpunkt des Konzeptes liegt eindeutig auf Erhaltung und Ausbau des Geschäfts mit vorhandenen Kunden. Dem wird nämlich nach Ansicht der Consultants oft viel zu wenig Beachtung geschenkt. Das Ziel eines Unternehmens müsse es sein, die leere und inflationär häufig verwendete Floskel von der Partnerschaft mit dem Kunden lebendig zu machen. Eine möglichst enge Verzahnung der beiden Geschäftssysteme eröffne beispielsweise die Chance, neue Potenziale der Zusammenarbeit zu entdecken und vorhandenes Geschäft auszubauen. Gemeinsame Marktforschung, gemischte Teams in verschiedenen Bereichen des operativen Geschäftes und Offenheit in der Informationspolitik helfen, den Kunden besser zu verstehen. Das intensiviere die gegenseitigen Bindungen und schaffe ein freundliches Bestellklima.

Aus dieser Verzahnung der Geschäftssysteme, letztlich der Kern des Discovery-Ansatzes, sollen eine ganze Reihe positiver Veränderungen auf die Beziehung zwischen Lieferant und Kunde einwirken:

- Innovation und Wachstum
- gemeinsame Nutzung von Ressourcen
- kürzere Kommunikationswege
- viele langfristig angelegte Bindungen
- Entwicklung einer Vision zur Festigung der weiteren Beziehung

In der Theorie klingt Discovery sehr sinnvoll. Die Frage ist nur: Kann das auch in der Praxis funktionieren? Lassen sich Unternehmen von einem Lieferanten so tief in die Karten schauen? Welches Interesse könnte ein Manager daran haben, Preisverhandlungen mit einem Lieferanten zu führen, der ebenso viel über die geschäftliche Situation seines Kunden weiß wie dieser selbst? Und warum in aller Welt sollte ein Zulieferer selbst seinen besten Kunden bereitwillig in die Hauptbücher schauen lassen? Damit der etwa schwarz auf weiß nachlesen kann, dass die Konkurrenz 4,5 Prozent mehr Umsatzrabatt bekommt?

Liebe BCGler: Wie oft habt ihr Discovery in Reinkultur denn verkauft?

Klientenarbeit auf allen Kanälen

Hat da gerade jemand von Verkaufen gesprochen? Bei diesem Begriff stellen sich Edgar K. Geffroy sofort die Ohren auf. Der Düsseldorfer Berater ist vom Fach, verkauft er doch seit vielen Jahren seine Ratschläge zum erfolgreichen Verkaufen höchst erfolgreich. Vorträge, Seminare, Bücher, Management auf Zeit – Geffroy bearbeitet seine Klientel auf allen Kanälen.

Im Grundsatz ist er sich mit der Boston Consulting Group einig. Sein Ansatz hat ebenfalls eine Vernetzung zwischen Verkäufer und Kunden zum Ziel. »Clienting« nennt er das. Die Hauptaufgabe der Unternehmen sei es, »ihre Kunden zu identifizieren, zu personifizieren, zu charakterisieren und zu motivieren«.

Aus dem anonymen Lieferanten von Produkten will Geffroys Clienting eine Art Freund fürs Leben machen, der seinem Kunden aktiv und in allen Lebenslagen zur Seite steht. Die Zutaten dieses Rezeptes scheint der Zielgruppe zu gefallen, denn Geffroys Buch *Clienting* hat sich als Standard etabliert. Aus dem Werk allein aber die Essenz seiner Botschaft zu saugen, fällt manchem schwer. Es ist wohl für Leute geschrieben, die normalerweise nicht lesen. Deshalb bietet der Berater auch Seminare und kostenpflichtige Gelegenheiten zum persönlichen Gespräch an.

Obwohl Geffroy vor Weisheiten der Marke »Wer an Erfolg glaubt, wird auch Erfolg haben« keineswegs zurückschreckt, stecken in Clienting eine ganze Menge Wahrheiten:

- Verkauf und Marketing im traditionellen Stil sind out.
- Kundenbindung durch Beziehungsaufbau ist in.
- Flexibilität und Tempo im Denken werden immer wichtiger.
- Der Faktor »Mensch« entscheidet über Kundenbeziehungen.
- Moderne Informationssysteme sind auch hier unverzichtbar.

Jede Aussage muss sofort ein »Ja!« erzeugen, alles klingt plakativ, und genau das soll es auch sein. Clienting ist ein populär bis populistisch aufgemachtes Sammelsurium, das dem Vorstandsvorsitzenden gefallen will, dem Zeitschriftenwerber aber auch. Es bietet konkrete Ratschläge, allerlei Tipps von der Verkäuferfront (»Sprechen Sie das Unterbewusstsein des Kunden an!«) und die immer wieder gern verbreiteten Folgerungen aus so genannten Megatrends: »Die Bevölkerung wird immer älter. Was schenken Sie den Eltern Ihrer wichtigen Kunden zum Geburtstag?«

... und was steckt dahinter?

Bedingungslose Kundenorientierung ist in wirtschaftlich rosigen und erst recht in problematischen Zeiten eine unternehmerische Pflichtübung. Empfohlen wurde sie schon immer, und es gab schon immer Unternehmen, die diesen Rat beherzigten. Und die anderen? Sind die erst nach 1994 aus dem Koma erwacht? Brauchten die wirklich den Unternehmensberater mit feinen Antennen für Managementtrends, um zu erkennen, dass sie Kunden haben?

Es gibt nichts Neues unter der Sonne. Alle Beratungsprodukte aus dieser Ecke laufen letztlich auf die Wiederbelebung der alten Formel »Der Kunde ist König« hinaus. Deren Umsetzung in den betrieblichen Alltag litt und leidet sicherlich nicht an der geistigen Armut von Managern und Mitarbeitern. Wer darüber nachdenkt, wird zwangsläufig zu der Erkenntnis gelangen, dass es ohne Kunden keinen Gehaltsscheck gibt. Daraus resultiert die sichere Annahme, dass zufriedene Kunden den Erhalt weiterer Schecks wahrscheinlicher machen.

Das Grundproblem liegt im bei uns so verbreiteten Desinteresse an der Dienstleistung als solcher und einer in fetten Jahren antrainierten Beamtenmentalität. Als Dienstleistung lässt sich in diesem Sinne jeder Gedanke an den Kunden vor 9 und nach 17 Uhr und abseits des eng eingegrenzten Aufgabengebiets bezeichnen.

Ein Telefonist nimmt Anrufe entgegen und vermittelt an den gewünschten Gesprächspartner. Das ist seine Aufgabe, basta. Wenn er das besonders freundlich macht, dann zeigt er damit Dienstleistungsbewusstsein. Ein Automechaniker kann vom Reparaturauftrag ablesen, dass ein Ölwechsel ansteht. Den wird er erledigen, und sein Job ist damit getan. Wenn er entdeckt, dass der Innenspiegel schmutzig ist, kann er kurz zum Lappen greifen – oder eben nicht.

Mensch bleibt Mensch

Diese Beispiele von abhängig Beschäftigten lassen sich mit wenig Phantasie auf ganze Unternehmen übertragen. Kundenorientierung steht und fällt mit der Mentalität der Menschen, ganz unabhängig von ihrem Aufgabengebiet. Mit Befehl von oben – »Hallo, Sie, ändern Sie doch bitte Ihre Einstellung!« – wird man da nicht viel erreichen können.

Je größer und damit anonymer ein Unternehmen ist, desto schwieriger und langwieriger gestalten sich kulturelle Kurswechsel. Ob ein Beratungsprodukt aus der kundenorientierten Schublade eingesetzt wird oder nicht, dürfte daran nichts ändern. In dieser Hinsicht verdienen die Unternehmensberater unser Mitleid. In dem, was sie vorschlagen, ist ja zuweilen wirklich viel Wahrheit.

Auf der anderen Seite verheißt die Dimension der Beratungsaufgabe prall gefüllte Auftragsbücher auf kaum absehbare Zeit. Und überhaupt – die Beraterzunft verkauft doch gerne einmal heiße Luft in adretter Aufmachung, da kann ein wenig Einsicht in die eigene Machtlosigkeit nicht schaden. Das Thema Kundenorientierung wird noch lange ein solches bleiben.

21 Spieglein, Spieglein an der Wand ...

Label und Herkunft:

Benchmarking; Xerox USA, alle Beratungsunternehmen

Benchmarking ist eine vergleichende Wissenschaft. Wenn ein Unternehmen Defizite an sich entdeckt oder vom Hausberater auf solche aufmerksam gemacht wird, dann vergleicht es seine Verfahrensweise mit denen anderer Unternehmen. Was machen die anders? Was machen die besser?

Für dieses Prinzip ist es zunächst gleichgültig, in welchem Unternehmensbereich etwas nicht recht funktioniert. Benchmarking lässt sich überall anwenden. Wichtig ist dagegen, dass das herangezogene Vergleichsunternehmen dort, wo es unter die Lupe genommen wird, tatsächlich gute Leistungen bringt. »Best Practice« ist zur Zauberformel geworden. Wer erbringt eine bestimmte Leistung ganz hervorragend? Wer hat einen Prozess am besten im Griff?

Maßstab für Benchmarking sollten die wahren Leader sein, weltweit und branchenunabhängig. Die herauszufinden ist nicht einfach, weshalb in der Praxis schon einmal ein Kandidat ausgewählt wird, der kaum besser ist als man selbst. In der Auswahl des führenden Unternehmens, der Ermittlung seiner Kennzahlen und der Umsetzung im Kundenunternehmen sehen die Berater ihren Job. Im Vergleich zu anderen Managementkonzepten gehen beim Benchmarking aber relativ viele Unternehmen allein ans Werk.

Schau'n wir mal

Als Erfinder der Methode gilt der amerikanische Konzern Xerox. Der hatte in den siebziger Jahren massive Probleme mit sich selbst und mit dem Markt. Da Selbsterkenntnis bekanntlich der erste Schritt zur Besserung ist, griff er zur »vergleichenden Firmenanalyse«. Benchmarking ist letztlich das Gleiche, klingt aber viel besser. Schön mathematisch, anhand von Kennzahlen (Benchmarks), sollten die Leistungen der Vorbilder ermittelt und dann als Zielvorgabe ins eigene Unternehmen übertragen werden.

Hier zu Lande geriet Benchmarking 1993 ins Visier von Unternehmensberatern und Wirtschaftspresse. Der Grund ist einfach: In Zeiten stotternd laufender Konjunktur begibt sich das Management auf die Suche nach Rationalisierungspotenzialen. Drängen sich auf den ersten Blick keine auf, dann kann ein Blick über den Zaun bestimmt nicht schaden. Wer macht was besser, schneller und vor allem billiger? Die Methodik unterschied sich nicht vom 20 Jahre älteren amerikanischen Ansatz und ist heute noch sehr beliebt.

Von Xerox wird kolportiert, dass der Kopiergeräte-Multi zunächst in seiner Logistik klare Verbesserungspotenziale vermutete. Angeblich wurden die Manager durch eine Zeitungsmeldung auf ein Unternehmen aufmerksam, das Lagerentnahmen und Verpackung der Waren mehrfach schneller erledigte, als es Xerox mit seinen Ersatzteilen schaffte. Bei diesem Musterunternehmen handelte es sich um L.L. Bean aus Freeport/Maine, einem Versandgeschäft für allerlei Textiles. Kern der flotten Logistik bei dem weitgehend unbekannten Hosendealer soll ein selbst gestricktes Computerprogramm gewesen sein. Xerox kam, sah und ging viel schlauer wieder weg.

Benchmarken lässt sich alles

Aus dieser Erfahrung – der Wahrheitsgehalt der Geschichte tut hier nichts zur Sache – hat Xerox ein generelles Verfahren abgeleitet. Denn benchmarken lässt sich so ziemlich alles. Ganz einfach ist das natürlich bei leicht erreichbaren Zahlen, die sich sinnvoll zueinander ins Verhältnis setzen lassen und dann Kennzahlen genannt werden. Der Umsatz pro Mitarbeiter ist solch ein Wert oder der durchschnittliche Zeitraum zwischen Bestellung und Auslieferung des Produkts. Ist die eigene Kennzahl ermittelt, geht es auf die Suche nach den Weltmeistern in der jeweiligen Disziplin.

Dass ein Versandhaus wie L.L. Bean in Lagerwesen und Versand so richtig gut sein könnte, wird dem branchenkundigen Amerikaner möglicherweise einfallen. Schließlich ist das der Kern seines Geschäftes. Ebenso verblüfft es nicht, wenn eine Agentur für Telefonmarketing auch in der internen Kommunikation effizient arbeitet. Und dass beispielsweise die Kreditkartenunternehmen im schnellen und extrem fehlerarmen Buchen von Rechnungsvorgängen gigantischer Anzahl ganz vorne stehen, ist bei näherer Betrachtung sicher nachvollziehbar. Hat man den jeweils amtierenden Weltmeister enttarnt, geht es anschließend um die Gewinnung interessanter Kennzahlen. Die rückt natürlich nicht jedes Unternehmen freiwillig heraus, wenn es sie überhaupt jemals ermittelt hat. Aber in unseren Tagen lässt sich nicht viel geheim halten. Auswertung der Presse, Befragung der Kunden und Lieferanten, Plausch mit wichtigen Mitarbeitern – da kommt meistens genug Material zusammen.

Tauschbörse für Kennzahlen

Als bewährt darf auch die Disziplin »Kiebitzen auf Gegenseitigkeit« gelten. Der eine bekommt die Kennzahlen des anderen und gibt dafür selbst ein paar Werte bekannt. In dieser Übung bildeten sich bei den Benchmarkern in den Vereinigten Staaten stabile Zweckgemeinschaften, die über Jahre hinweg untereinander Kennzahlen tauschten.

Für erfolgreiches Benchmarking gibt es Beispiele. Nein, sagen wir es anders. Es gibt nachweisbare Erfolge, die von den Unternehmen angeblich durch Benchmarking erreicht worden sind. Durch die Fachpresse ging vor ein paar Jahren beispielsweise Motorola, das seine Rechnungsstellung auf Vordermann gebracht hat. Als Vorbild dienten die bereits erwähnten Kreditkartenunternehmen. Ergebnis: Im Lauf von fünf Jahren sank die Korrekturbedürftigkeit der Ausgangsrechnungen deutlich, die Kunden wurden viel zufriedener und zahlten entsprechend schneller.

Auch Xerox langte noch mal hin. Schon wieder war es die Logistik, die in Ungnade fiel. Anscheinend sind die Logistiker bei Xerox unbeliebt. Die Zeit zwischen Auftragseingang und Auslieferung war den Chefs zu lang, Computerbauer Dell konnte das schneller. Also abgeschaut, und los ging's. Kurze Zeit später kehrte Zufriedenheit bei Xerox ein. Prima.

... und was steckt dahinter?

Benchmarking ist schön, schön schlicht. Während sich andere mit furchtbar aufwändigen Managementkonzepten herumplagen oder am Ende gar entdecken, dass sie Kunden haben, belassen es die Benchmarking-People beim Blick über den Zaun, ganz nach dem Motto: Der Nachbar fährt Mercedes, was habe ich da falsch gemacht? Hat man dann herausbekommen, dass der Nachbar mit dem Stern nach dem Frühstück fünf Kniebeugen macht, dann macht man's auch. Schon verwandelt sich der gebrauchte Golf in der Garage zur schwäbischen Edelkarosse, oder etwa nicht?

Vielleicht hatte der Nachbar ja einen ebenso reichen wie mittlerweile verblichenen Großonkel? Vielleicht liegt der Fahrzeugbrief bei der Bank, und der arme Kerl schuftet nur für die Raten? Vielleicht verdient die Gattin zu später Stunde im »Club Orchidee« die entscheidenden Märker dazu? Das alles wären Finanzierungsmodelle, die nicht unbedingt auf andere übertragbar sind.

Die in der Theorie unterstellte und in der Praxis kaum gegebene Transformation von einem Unternehmen zum anderen ist das Grundproblem, an dem Benchmarking krankt. Tatsächlich gibt es diese Übertragbarkeit höchst selten. Benchmarking vergleicht ständig Äpfel mit Birnen, Kopiergeräte mit Herrenhosen und Kreditkarten mit Funktelefonen.

Die Inhaber der güldenen Medaille »Best Practice« gewinnen sie deshalb, weil die jeweilige Disziplin nahe an ihrem Kerngeschäft liegt. Wenn ein Unternehmen davon lebt, Klamotten zu versenden, dann tut es gut daran, im Versand gut zu sein. Gehört der Versand von Ersatzteilen oder dergleichen aber zu den Nebensächlichkeiten im Geschäft, dann macht es keinen Sinn, hier mit übertriebenem Aufwand an Verbesserungen zu arbeiten. Den treibt das Unternehmen besser auf den wirklich wichtigen Feldern, von deren Ernte es lebt.

Best Practice für den Worst Case

Selbst innerhalb einer Branche wird's gern albern bis gefährlich. Ein Beispiel: Zwei Hersteller bauen Wohnzimmerlampen. Der eine produziert welche, die für Qualität und etwas höhere Preise stehen, der andere ist billiger, dafür wackeln die Geräte mitunter ein wenig. Natürlich haben beide eine Qualitätskontrolle, natürlich müssen beide die Kosten senken. Die Qualitätsexperten des teureren Anbieters werden zum Benchmarking zwecks Kostensenkung verdonnert. »Best Practice«, also niedrigste Kosten in der Qualitätskontrolle, orten sie bei den Kollegen mit den Wackellampen. Sie orientieren sich weisungsgemäß an den Verfahren des Vorbilds, und bald fallen die Kosten runter – und die Lampen auch.

Benchmarking pickt einen Aspekt betrieblicher Aktivität heraus und betrachtet ihn isoliert vom Kerngeschäft. Ob der Vergleich mit dem Besten in irgendeiner Teildisziplin zur generellen Positionierung am Markt und dessen Bedingungen passt, interessiert die Benchmarker wenig, solange sich ordentlich Kennzahlen ermitteln lassen. Benchmarker sind nämlich Zahlenfetischisten.

Was aber bringen die Kennzahlen des Klassenstrebers, wenn sie schon auf Grund unterschiedlicher Unternehmensgrößen nicht erreicht werden können? Ein großer Hersteller von Produkt X wird natürlich niedrigere Stückkosten haben als ein kleines Unternehmen, das sich auf demselben Markt tummelt. Der große kauft in größeren Mengen ein, also billiger, und kann in der Fertigung möglicherweise Maschinen und Verfahren einsetzen, die sich nur bei hohen Stückzahlen rechnen. Da können die Benchmarker mit Kennzahlen um sich werfen, solange sie wollen.

Noch ein Beispiel: Natürlich muss ein PC-Hersteller mit gnadenlos minimierten Lagerbeständen an Komponenten arbeiten, weil die jeden Tag billiger werden. Nach kürzester Zeit läge sonst der erzielbare Verkaufspreis unter den Selbstkosten, was gemeinhin als ruinös bezeichnet wird.

Besagter PC-Hersteller schafft es aber; er ist nämlich Weltmeister im Minimieren von Lagerbeständen. Also wird er von den Benchmarkern als Vorbild herangezogen, wenn irgendwo einer überlegt, ob es vielleicht mit ein bisschen weniger Lager ginge. Das könnte zum Beispiel ein Hersteller von Kuckucksuhren mit mechanischen Werken sein. Bei dem liegen die Stundenzeiger vielleicht jahrelang auf Lager, ohne dass ihn die Unruhe packt. Macht ja auch nichts, oder wenigstens nicht viel. Die Kennzahlen vom Weltmeister sind für seine Uhrenproduktion bedeutungslos.

Es war einmal …

Spieglein, Spieglein an der Wand … Dass die Amerikaner die dümmliche Eitelkeit der Königin aus »Schneewittchen« als Erste auf die Leistungsbestimmung im Unternehmen transferiert haben, ist kein Zufall. Schließlich haben sie lange Zeit geschlafen. Amerikanische Companies waren traditionell am eigenen Markt orientiert. Das bedeutet nicht, dass sie nur im Inland verkauft hätten. Das bedeutet vielmehr, dass sie sich wenig um ausländische Firmen scherten, selbst wenn es Wettbewerber waren. Eine gewisse Ignoranz gegenüber den Belangen der großen weiten Welt zeichnet bekanntlich selbst gebildete Amerikaner aus.

Im internationalen Umfeld hinkten amerikanische Unternehmen in vielen Disziplinen hinterher. Ein Beispiel liefert die Autoindustrie, die in vergleichsweise riesigem Umfang umgebaut wurde, um überleben zu können. Kostengünstiger, schneller und besser produzieren – das wollten weltweit alle Hersteller. Aber bei GM, Ford und Chrysler lag viel mehr Luft zwischen Ist-Zustand und erreichbarem Soll. Die Frage »Wie machen's denn die anderen?« lag da besonders nahe. Aber Benchmarking im wissenschaftlichen Sinne? Na ja …

Man stelle sich doch einfach ein kleines, absolut banales Szenario vor. Da verlassen zwei Nachbarn jeden Morgen um die gleiche Zeit das Haus, um an derselben Haltestelle denselben Bus zu erreichen. Der eine erreicht den Bus immer, der andere verpasst ihn mit schöner Regelmäßigkeit. Was lernt der Bummler vom Flinken? Richtig, schneller gehen! Benchmarking? Richtig, so simpel ist das.

Wenn der Chef in die Werkshalle ruft: »Macht schneller (schöner, netter oder sonst was), die anderen können's doch auch«, dann ist das noch kein Benchmarking. Wenn dem Chef aber noch ein Wert entfährt, dem zu entnehmen ist, wie viel schneller, besser oder netter die anderen arbeiten, dann hat er die Lehre begriffen.

Und dafür bezahlen Unternehmer deftige Beratungshonorare!!!

22 Expeditionen ins Tierreich

Label und Herkunft:

Management by Pu; Roger E. Allen
Wildentenprinzip; Dr. Hans Haumer
Delfinstrategien; Dudley Lynch/Paul Kordis, balance Unternehmensberatung Lenz-Oswald & Partner
Die Mäusestrategie; Spencer Johnson

Tiere sind die besseren Menschen, das wissen wir schon lange. Selbst der für seinen gesunden Appetit bekannte Hammerhai wird mit der lapidaren Bemerkung, dass er ja nur seiner Natur folge, schon viel freundlicher. Aus dieser menschlich-tierischen Unbedarftheit Managementkonzepte zu generieren, macht Sinn.

Also, die Idee ist gut. Sie muss gut sein, denn sie kommt aus Amerika. Dem Land, in dem Managementkonzepte wachsen, wie man sie in Deutschland am liebsten mag: griffig formuliert, ohne Schachtelsätze und -gedanken, im Ansatz optimistisch bis heiter, unkompliziert und unter allen Umständen leicht nachvollziehbar.

How lovely.

Was ist dran an Amerika? Was ist typisch amerikanisch? Lassen wir mal gedanklich den Blick schweifen von New York bis Los Angeles. Was in Amerika beeindruckt, ist doch vor allem zweierlei: Superservice und abgöttische Tierliebe.

Das Service-Argument kann jeder Tourist bereits nach der ersten Tasse Kaffee auf amerikanischen Boden bestätigen: »Do you want a refill?« Für das zweite reicht ein Blick in die Yellow Pages, Abteilung Tierfriedhöfe. Amerikaner, jedenfalls solche ohne permanente Auslandskontakte oder direkte europäische Vorfahren, essen selbstverständlich weder Rehe, Hirsche noch Hasen. Rehe, Hirsche und Hasen sind nämlich sympathische Tiere mit höchster Trickfilmtauglichkeit. Bambi, Bugs Bunny etc. …

Und noch eins zeichnet Amerikaner aus: Sie sind praktisch.

Sie wollen einen Beweis? Praktische Menschen gestalten ihren Alltag so leicht und angenehm wie möglich. Sie parken zum Beispiel direkt neben der Wohnzimmertür. Und nur genuin praktische Menschen kommen auf den Gedanken, das Abgucken bei der Konkurrenz zur Strategie zu erklären und als Managementkonzept unter dem Label »Benchmarking« zu verkaufen: zwei Fliegen mit einer Klappe! Echt praktisch. Wenn Sie Näheres dazu wissen wollen, blättern Sie einfach ein paar Seiten zurück (siehe Kapitel 21).

Bugs Bunny ist Zeuge

Wenn wir Konkurrenz als solche nur weit genug fassen, sind wir beim Thema dieses Kapitels. Denn wer sagt schließlich, dass man Ideen, Konzepte und Strategien nur bei anderen Unternehmen (oder Unternehmensberatungen) klauen kann? »Keiner einer«, würde der praktisch orientierte Comic-Hase Bugs Bunny lispeln. Deshalb sollte man das Abgucken viel ganzheitlicher, eher multidimensional, eben holistisch betrachten. Der Mensch lebt doch nicht allein auf diesem Planeten. Gibt es da nicht noch ein paar interessante Mitbewohner, deren Verhaltensweisen zu studieren sich lohnen könnte? Aber natürlich ..., die lieben Tiere. Häschen, Mäuschen, Fischlein & Co. mag der Amerikaner von Geburt an. Wie schon gesagt.

Nicht alle, selbstverständlich. Weder alle Tiere noch alle Amerikaner. Amerikanische Consultants aber sind eine besondere Spezies: Sie sind besonders tierlieb und besonders praktisch.

Kein Consultant, aber ein ganz besonders praktisch denkender Arzt ist Dr. Spencer Johnson. Der gelernte Mediziner war sowohl im klinischen als auch im betrieblichen OP tätig – als Direktor Kommunikation bei Medtronic, den Erfindern des Herzschrittmachers – und macht seit Jahren als Erfinder von Managementkonzepten (*Der Minuten Manager*) von sich reden. Mit seiner »Mäuse-Strategie« aus dem letzten Jahrhundert stürmt er nun auch die deutschen Business-Charts und macht damit ganz besonders viel Käse. Für alle diejenigen, die die »Mäuse-Strategie« nicht kaufen wollen, geben wir als Bonustrack hier eine kostenlose Zusammenfassung:

Zwei Mäuse und zwei Zwergmenschen leben in einem Labyrinth und ernähren sich von daselbst vorhandenen Käsevorräten. Eines Tages jedoch ist der Käse gegessen. Einfach weg. Die beiden Mäuse – der Übersetzer nennt sie »Schnüffel« und »Wusel« – schnüffeln kurz bedauernd und wuseln sofort los, um neuen Käse zu suchen. Klar: mit Erfolg. Die beiden Zwergenmenschen »Grübel« und »Knobel« dagegen grübeln über ihr Schicksal und knobeln lange, fast bis zum Hungertod, vor sich hin, wo denn nur ihr Käse geblieben sei. 35 pseudophilosophische Seiten später sind sie endlich auch losgetrabt und haben einen neuen Käsevorrat gefunden, der mit sinnigen Sprüchen über Veränderungen garniert ist. Einige Kostproben:

»Wer sich nicht ändert, kann untergehen.«
»Wer losgeht und seine Angst hinter sich lässt, fühlt sich frei.«
»Je schneller Du den alten Käse sausen lässt, desto eher findest Du neuen.«

So ein Käse …, aber Spencer Johnson macht damit glänzende Geschäfte. Vermutlich wird der Plot soeben verfilmt, mit Harry Potter in der Rolle des Appenzellers und Jürgen W. Möllemann als Schnüffel. Und natürlich hat Johnson schon längst die Witterung des nächsten Käseberges aufgenommen. Auf 20 Millionen verkaufter Mäusebücher darf man sich – gelernt! – nicht ausruhen. Vielleicht kommt als nächstes eine Fabel über Maulwürfe (»Die Konkurrenz erfolgreich untertunneln«) oder Bienen (»Mit Blütenpracht zur Mythenmacht – eine Einführung in das Corporate Storytelling«) oder Fliegen (»In der Masse stirbt sich's leichter«)? Wieso eigentlich nicht Fliegen? 20 Millionen Fliegen können sich doch nicht irren … oder?

Das Schöne an Tieren ist, dass es so viele verschiedene Arten davon gibt. Nicht nur große und kleine, dicke und dünne, langsame und flinke, sondern auch Einzelgänger und Gruppenfreaks, dem Menschen nützliche und schädliche, Sympathieträger und Ekelbrocken. Und alle, wirklich alle verhalten sich anders, die allermeisten glücklicherweise ganz anders als die Menschen. Da wundert es gar nicht, dass der Verhaltensforscher Konrad Lorenz die Gesellschaft von Graugänsen der seiner eigenen Artgenossen vorzog. Oder dass sich die berühmte amerikanische Primatenforscherin Diane Fossey lieber im afrikanischen Urwald mit Gorillas herumbalgte als in einer US-Universität mit ihren Wissenschaftlerkollegen.

Das Angebot ist also groß. Was liegt da näher, als sich ein paar Anregungen aus dem Tierreich zu holen, mit denen sich ein wundervolles neues Managementkonzept oder zumindest die Idee für ein innovatives Seminar entwickeln ließe?

Ergo machten sich Ende der achtziger, Anfang der neunziger Jahre einige Psychologen, Verhaltenstrainer, Ökonomen und Hundefreunde in ihren Schreib- und Studierstuben mit wahrer Akribie an die Verwertung der zoologischen Artenvielfalt. Mit verblüffenden Resultaten.

Gut gebrüllt

Als erstes Untersuchungsobjekt gerieten der Löwe und sein Verhalten im Rudel ins Blickfeld der Management-Sielmanns. Denn nach Meinung erfolgreicher Manager ist gerade der Löwe das Symbol für den erfolgreichen Manager. Schließlich ist der Löwe (auf Suaheli »Simba« = »Herr«) nicht irgendwer; trotz eines Gewichtes von mehr als 150 Kilogramm und einer Länge von fast zwei Metern (ohne Schwanz) kann er bekanntlich sehr schnell laufen und weite Sprünge machen. Löwen sind gesellig (wie der Nachwuchsmanager), organisieren sich in Rudeln von 20 bis 30 Artgenossen (wie der arrivierte Manager) und wehren jeden Versuch eines fremden Männchens ab, in ihr Revier einzudringen (wie der Topmanager). Besonders die Löwenmännchen gelten auch als sehr delegationsfreudige und weise Tiere, weil sie zum Beispiel das Beutemachen ihren Untergebenen – den Löwinnen – überlassen. Gleich treuen Angestellten überlassen diese dem Chef den leckersten Teil der Beute. Schließlich hält er ihnen ja auch die Mitbewerber vom Hals.

Erst wenn ein Löwe alt und grau geworden ist und seine Zähne verloren hat, vermag er keine Antilopen oder Gazellen mehr zu fressen. Im hohen Alter kann er nur noch Kleintiere schlucken und – falls er es verstanden hat, sein Ansehen im Rudel durch gelegentliche Schaukämpfe zu wahren – den Nachwuchs trainieren, also gewissermaßen zum Löwen-Consultant aufsteigen. Der

König der Tiere eignet sich daher als gern übernommenes Vorbild jedes wackeren Streiters im Überlebenskampf der Vorstandsetage.

Menschliche Löwen übrigens, sprich Manager, verlieren nie wirklich ihre Power ..., sie reifen ... und lassen dann beißen, notfalls.

Mit den Wölfen heulen

Anders als Löwen genießen Wölfe in der Bevölkerung kein brillantes Ansehen. Dafür haben sie aber in Topmanagerkreisen einen enorm hohen Symbolwert. Denn erstens sind Wölfe keine Katzen (damit assozieren die meisten Führungskräfte eher weibliche Verführungskräfte), und zweitens lehnen sie die Großfamilie strikt ab. Wölfe sind per definitionem einsam (wie Manager), sie sind stets gleichzeitig auf der Hut und auf der Jagd (wie Manager), und wenn sie sich denn schon mal nach Art eines Joint Ventures zum vereinten Schlagen zusammentun, dann nur als zeitlich befristetes Zweckbündnis in kleinen, feinen Clubs (wie Manager). Dass beim Wolf zwischen den beschriebenen Zuweisungen und der zoologischen Realität eine deutliche Lücke klafft, interessiert nicht so sehr. Es ist wie immer im Management: Das Image macht's.

Wie in jedem Geschäftsleitungsgremium gibt der ranghöchste Rüde – das so genannte Alpha-Männchen – den Boss. Die übrigen Mitglieder des Rudels unterwerfen sich ihm und kämpfen unter sich eine eigene Rangordnung aus. Wölfe heulen, um Konkurrenz der eigenen Art fern zu halten: Ein Zusammentreffen würde unweigerlich zu einem Kampf führen. Ein amerikanischer Verhaltensforscher verglich in den achtziger Jahren das Wolfsheulen mit der Ankündigungspolitik, wie sie zum Beispiel ein international führender Computerhersteller pflegte: Schon Monate, bevor ein neues Produkt den Markt erreichte, schlugen die Konzerntrommler heftigst auf die Pauke. Nach dem Grimmschen Muster vom Hasen und Igel ließen sie alle Konkurrenten wissen: »Ik bün all hier«, auf dass diese beschämt ihre Entwicklungsaufwendungen abschreiben sollten. »Managen wie die Wölfe« hieß sein viel beachteter Aufsatz in der *Harvard Business Review.*

Große Sprünge, nichts im Beutel

Der Kängururekord im Weitsprung soll bei zwölf Metern liegen. Das Beuteltier machte aber nicht nur wegen enormer Sprungkraft und innovativer Transportlösungen in Consulting-Kreisen Schlagzeilen. Känguruweibchen sind ungemein produktiv und beherrschen die Prinzipien des Zeitmanagements (siehe Kapitel 16) ausgezeichnet: Sie schleppen ein Junges im Beutel herum, lassen zur gleichen Zeit einen etwas älteren Abkömmling, den sie auch noch säugen, draußen herumlaufen – und sind schon längst wieder trächtig.

»Wow«, dachte sich da ein aufgeweckter Berater jenseits des atlantischen Teiches, »das Kangaroo-Prinzip – notieren Sie schon mal dieses Label, Jill! – können wir glatt eins zu eins für unsere Klientel umsetzen. Etwa so: Die starke Muttergesellschaft lässt ihre älteste Tochter weitgehend an der langen Leine laufen, unterstützt sie aber weiterhin (auf australischem Gras wird nicht kaltherzig ›outgesourct‹!). Gleichzeitig päppelt sie die mittlere Tochter noch kräftig mit Aufträgen vom Stammhaus. Die jüngste Tochter ist noch in der Planungsphase. Auf diese Weise riskiert die Mutter nicht sämtliche Ressourcen, denn das eine oder andere Junge könnte ja mal eingehen, schafft sich aber gleichzeitig hinreichend viele eigenständige organisatorische Einheiten, um gelebtes Unternehmertum zu generieren. Jill, was halten Sie davon? Schauen Sie doch mal rasch nach, wie viele Töchter die *Fortune*-500-Companies im Schnitt haben.«

Wir wissen letztlich nicht, welchen ökonomischen Nährwert diese Idee für amerikanische Konzerne hatte. Aber um den Barwert seiner Idee zu schätzen, brauchte der Consultant nur die Zahl der ermittelten Tochterunternehmen mit drei (Beratermannmonaten) zu multiplizieren. Da behaupten doch wirklich nur noch Berufspöbler, dass das Kangaroo-Prinzip die Beraterszene ganz anders charakterisiere: große Sprünge, nichts im Beutel.

Management nach Pu

Unwiderstehlich und ganz allerliebst war auch Roger E. Allens Einfall. Der Washingtoner Managementberater, seine Firma heißt Allen Associates, erlag ihm, dem Einfall, indirekt. Eigentlich wollte Allen die mitunter erratischen Verhaltensweisen seines kleinen Sohnes (damals 5 Jahre) mit den Attitüden unbefriedigter Nachwuchskräfte vergleichen und daraus ein zukunftweisendes Personalentwicklungskonzept stricken. Doch als Allen eines Tages der abendlichen Bettlesung für seinen Filius beiwohnen konnte, kam er auf einen ganz anderen Gedanken …

Das »Management by Pu« ist eine besondere Variante der Expeditionen ins Tierreich. Winnie-der-Pu ist ja bekanntlich kein echter Bär, sondern eine literarische Figur von A.A. Milne. Roger E. Allen durchforstete das besonders im angelsächsischen Raum ungeheuer beliebte Kinderbuch auf Taugliches für die Chefetage. Und er wurde fündig. Mit Pu, dem naiven Bären mit ausgeprägtem Sinn fürs Selbstverständliche (»Wenn ich Honig will, muss ich danach suchen«) lassen sich geradezu revolutionäre Erkenntnisse gewinnen. Zum Beispiel: Führungskräfte würden ihre Aufgaben viel besser erfüllen, wenn sie sich auf die Grundlagen ihrer Arbeit konzentrieren würden.

Die sechs grundsätzlichen Aufgaben einer Führungskraft sind nach Pu:
- Zieldefinition
- Organisation
- motivieren
- fördern
- kommunizieren
- Resultate messen und analysieren

Wenn man das doch nur früher geahnt hätte! So manche Pleite wäre garantiert zu verhindern gewesen.

Als die Kunde vom wundersamen Erfolg dieser und anderer Bio-Konzepte und Kuscheltier-Seminare nach Europa drang, wollte man in der Alten Welt natürlich nicht abseits stehen. Also wurden hektisch die verstaubten Zoologiebücher vom Speicher geholt, Kind und Kegel in den nächsten Zoo verfrachtet, Hund, Katze und Kanarienvogel aufmerksam beäugt.

Tiere sind nämlich großartige Studienobjekte. Geradeheraus, nicht so wie

Menschen und durch den Intellekt verbogen. Die Verhaltensweisen der Tiere sind angeboren, nicht gesellschaftlich verfremdet. Jedes Tier weiß genau, wie es sich seine Nahrung beschaffen kann, wer seine Feinde sind und ob es beim Auftauchen eines Bösewichts am besten flieht, sich versteckt, oder ob es Sinn macht, sich zu wehren. Beneidenswert!

Ähnlich sicher ist sich der Mensch leider selten. Aber angeboren ist ihm auch einiges. Beispielsweise reagiert er auf bestimmte Schlüsselreize. Konrad Lorenz hat sich 1943 in einem Artikel mit dem Titel: »Die angeborenen Formen möglicher Erfahrung« darüber ausgelassen. Welche Tiere wir »sympathisch« finden, entscheiden wir nicht frei. Bambi ist einfach niedlich. Punkt. Regenwürmer nicht, auch nicht die ganz kleinen. Basta.

Wenn man also europäische Manager mit einem extravaganten neuen Konzept beeindrucken wollte, was lag da näher, als sich ein paar echte Sympathieträger aus dem reichen Tierarsenal herauszupicken? Kleine Entchen zum Beispiel?

Das Wildenten-Prinzip

Küken sind tierisch sympathisch. Das steht fest. Ausgewachsene Enten auch, ganz besonders die wilden. Die rauschen zwar nicht wie die Wildgänse durch die Nacht, haben aber dafür einen Formationsflug entwickelt, der etwa 20 Prozent Energie spart. Die schwächsten Enten dürfen immer die aerodynamisch günstigsten Positionen besetzen. Hoch moralisch, diese Enten! Und sie kommunizieren miteinander, wenn sie fliegen. Das ist doch auch sehr schön. Vielleicht könnte man ja den Enten-Lifestyle auf Verwertbares fürs Management abklopfen? Dieser Gedanke kam jedenfalls Dr. Hans Haumer, Vorstandsvorsitzender der GiroCredit Bank AG in Wien, und flugs verfasste er ein Buch mit dem Titel »Das Wildenten-Prinzip«. Es erschien 1994.

Und was schreibt der Chef einer der größten österreichischen Banken seinen Managerkollegen nun ins Stammbuch? Was hat er von den Wildenten gelernt? Nämliches:

- »Begreife die Macht des gemeinsamen Fluges von vielen Flügeln.«
- »Glaube an die Kraft in dir und in den anderen.«

- »Kampf und Konsens bestimmen gemeinsam die soziale Synergie jeder Organisation.«

Ein Schelm, wer bei solch tiefgründelnden Weisheiten nur an den bekannt erfolgreichen Entenunternehmer Dagobert Duck denkt.

Delfinstrategien

Neben Enten sind auch Delfine überaus sympathisch. Sie sind zwar größer als Enten, tun dem Menschen aber auch nichts. Ganz im Gegenteil: Die possierlichen Tierchen haben schon so manchen Menschen aus bitterster Seenot gerettet, man denke nur an Flipper. Deshalb eignen sich Delfine hervorragend als Symbolfiguren für herzergreifende Managementphilosophien.

Von den Delfinen kann man(ager) viel lernen. Zum Beispiel, wie man in Harmonie mit der Umwelt lebt, sich elegant durch die Wogen kämpft, dabei noch Spaß an der Freude hat und auch die anderen leben lässt. Delfine sind eben keine Haie, sie sind überhaupt nicht aggressiv. Und Führungskräfte, die nach diesem Vorbild agieren, braucht die heutige Wirtschaft dringend.

Wer den Delfin in sich entwickeln möchte, kann bei der Freiburger Unternehmensberatung balance Training & Coaching ein dreitägiges Seminar buchen, das nach dem Vorbild des amerikanischen Bestsellers »Delfinstrategien« der Managementautoren Dudley Lynch und Paul Kordis gestrickt zu sein scheint.

Sonja Oswald und Hans-Jürgen Lenz-Oswald, die Betreiber und Trainer der Consultancy, sagen ganz klar, was die Teilnehmer ihrer Seminare von den Delfinen lernen können. Im Teich des Managements schwimmen bekanntlich große und kleine Fische herum, die aber wegen der besseren Übersicht von Lenz-Oswald in vier flossentragende Arten eingeteilt werden.

Von Karpfen, Haien und Delfinen

Das Grundmotto des genügsamen Karpfens lautet: »Ich kann nicht gewinnen. Ich bin ein Karpfen und glaube an den Mangel.« Auf einer höheren Stufe des

Bewusstseins steht der pseudo-erleuchtete Karpfen, der von sich weiß: »Ich bin ein pseudo-erleuchteter Karpfen und glaube an ein Universum des absoluten Überflusses. Deshalb glaube ich weder an das wahrhaft Böse noch an wirkliche Verlierer. Es ist nur eine Frage der Zeit, bis jeder gewinnt. Weil es mein Urbedürfnis ist, geheilt zu werden, fühle ich mich nicht wohl bei Vergeltung oder Flucht. Ich glaube, dass alles, was wir im Leben tun müssen, ist, sich gehen zu lassen und mitzufließen.«

Lassen wir diese bedeutungsschwangeren Verse einmal auf uns wirken, und wenden wir uns der dritten Flossenträgergruppe zu: dem gefräßigen Hai. Dem unterstellen die Freiburger Berater nicht ganz zu Unrecht folgendes Grunddenken: »Ich bin ein Hai und glaube an den Mangel. Ich muss gewinnen.« Und dann gibt's da noch die Delfine. Zu dieser Gattung – Motto: »Ich bin ein Delfin und glaube an den potenziellen Mangel und den potenziellen Überfluss« – zählen eher indifferente Führungskräfte mit offensichtlich schwachem Ego. Aus dieser Gruppe rekrutiert sich die Klientel der Unternehmensberater, denn um ein richtiger Delfin zu werden, muss man natürlich trainieren. Aus dem Verkaufsprospekt der badischen Berater: »Erfolgreiche Visionäre der Zukunft sind Manager, die die Zeichen der Zeit erkennen. Unsere Zeit steht im Zeichen der Delfine.«

Und wie nutzen Sie Ihr delfinisches Potenzial?

Die Teilnehmer der Drei-Tages-Seminare

- »entdecken bei einer imaginären Flussüberquerung ihren delfinischen Teamgeist und erzielen den Durchbruch – sie erreichen mit weniger mehr«,
- können »ihr delfinisches Potenzial entdecken und kreativ bei der Lösung von konkreten Problemen einsetzen«,
- werden anschließend wie ein Delfin »elegant, kompetent, kooperativ, kreativ und spielerisch rapide Veränderungen in der Geschäftswelt meistern«.

Wir zitierten wiederum aus dem Verkaufsprospekt.

Vielleicht lernen die Teilnehmer von den possierlichen Säugern auch etwas ganz anderes: drollig aussehen und öfter mal untertauchen. Auch das kann auf seine Weise den wirtschaftlichen Erfolg begünstigen. Denken Sie nur an die Steuerprüfung.

… und was steckt dahinter?

Tja …

23 Sekundenkleber mit Langzeitwirkung

Label und Herkunft:

Customer Relationship Management (CRM); c-business Unternehmensberatung, Cap Gemini Ernst & Young und andere Consultancies mit Marktgespür

Von Kundenorientierung reden Unternehmen pausenlos, schon allein deshalb, weil sie ihre Kunden beruhigen wollen. Doch wirklich kundenorientiert sind die wenigsten. Den schwarzen Peter haben Mitarbeiter, die einfach nicht einsehen wollen, dass die Abnehmer von Waren und Dienstleistungen letztlich ihr Gehalt bezahlen. Schuld daran sind aber auch inkompetente Berater. Die Consultants beispielsweise, deren Büromiete der Lochblechhersteller in Wattenscheid immerhin zwei Jahre lang einschließlich Nebenkosten finanzierte, waren die reine Fehlbesetzung. Sie wussten nicht einmal, dass man Kundenorientierung neuerdings kaufen kann. Sie hatten nicht genügend auf die Fortschritte ihrer Kollegen geblickt: Das für Berater nahe liegende Ergebnis einer effektiven Kundenbetreuung ist das Produkt Kundenorientierung. Als sie das zum ersten Mal verkauft hatten, hatte der Weg dorthin einen Namen: Customer Relationship Management, kurz CRM.

Von CRM hatten die meisten Unternehmen vor 1995 noch nie etwas gehört. Kaum zu glauben, denn die Wunderwaffe CRM ist schon für vergleichsweise kleines Geld zu haben. Der Mindesteinsatz im CRM-Spiel liegt bei einer halben Million Euro. Die Investition rechnet sich garantiert. Spätestens am Ende dieses Kapitels werden Sie wissen, für wen.

Mit CRM werden Kunden zu Königen. Das Management der Kundenbeziehungen ist der einzige Ausweg aus dem Irrgarten voller Dead-End-Streets, die trotz viel versprechender Straßenschilder (Management by Motivation, Management by Leadership, Change-Management, Lernende Organisation) Unternehmen vor die Mauer laufen lassen.

CRM ist keine der vielen, vorgeblich reinen Lehren, an deren Bodensatz sich schon die ersten Trübstoffe (sic!) bilden. Der Erfolg von CRM hängt nicht ab von der intellektuellen oder rhetorischen Kompetenz der jeweiligen Berater.

Oh nein. Das Management der Kundenbeziehungen setzt auf die unfehlbare, unschlagbare, undurchschaubare Technik: CRM kommt seit Ende des 20. Jahrhunderts total IT-gestützt daher. Bekanntlich ist Technik, was Effizienz, systemimmanente Logik, Objektivität und Tempo angeht, dem menschlichen Geist meilenweit überlegen. Hinsichtlich der Kosten auch.

Was man genau unter CRM versteht, hängt ab von der persönlichen Sozialisation des Betrachters. Die Bandbreite der Definitionen ist groß. Für die einen beschreibt das Buzzword ein technologisches Tool, mit Hilfe dessen alles, aber auch wirklich alles besser wird: Plug in and be happy. Andere gehen die Sache ganzheitlich an, manche wittern gar eine völlig neue Philosophie dahinter. Etwa im Mittelfeld der Sinndeutungen liegt die folgende: CRM ist die strategische Ausrichtung auf das Ziel, die Geschäftsbeziehungen des Unternehmens dauerhaft und werthaltig zu verbessern. Sie stammt von der c-business Unternehmensberatung in Frankfurt. Der Zweck von CRM sei es, »durch gezielten Dialog in Form, Inhalt und Intensität starke, vertrauensvolle und loyale Beziehungen zu Kunden, Interessenten, Mitarbeitern und Aktionären aufzubauen, zu halten, auszubauen und gegebenenfalls wieder aufzubauen«. Klingt doch gut. Oder?

Benchmarking mit Tante Emma

CRM-Anbieter haben hohe Ansprüche an die eigene Leistung. Mit ihrem Produkt (dessen Umfang sich in Gigabyte bemisst) sollen Unternehmen wie DaimlerChrysler, die ThyssenKrupp AG, selbst die Deutsche Bahn und – Hut ab vor so viel Mut! – sogar die Deutsche Telekom AG endlich das lernen, was der Feinkostladen an der Ecke schon längst kann. Dessen Besitzer hat vergleichsweise wenige Kunden. Aber er kennt sie. Er spricht sogar mit ihnen. Persönlich. Er kennt sogar die Namen seiner Stammkunden – derjenigen, die jeden Mittag ihren Joghurt (Erdbeer) bei ihm kaufen. So bleibt ihm natürlich nicht verborgen, welche Waren die Kundschaft besonders schätzt (Erdbeer auf Vanille). Folglich hält der Händler frühmorgens auf dem Großmarkt genau danach oder nach line extensions – annäherungsweisen Erweiterungen des Angebotes – Ausschau (»Haben Sie frische Erdbeeren?«) . Mehr noch: Er kann sogar Wünsche wecken, die Kunden beim Betreten seines Ladens noch gar nicht hatten: »Ich habe heute besonders aromatische Kiwi hereinbekommen. Die mögen Sie doch so gern, weil die ein bisschen nach Erdbeeren schmecken.« Der Kunde dankt mit spontanem Feedback. Er kauft die Kiwi oder gibt bekannt, dass es ihn momentan eher nach Datteln gelüstet. Diese wertvolle Information speichert der Händler ganz archaisch in seinem Hinterkopf für den nächsten Einkauf am Großmarkt. »Haben Sie Kiwijoghurt mit Datteln obendrauf?« Das nennen wir genial.

Auch wenn der Anbieter feiner Kost es noch nicht weiß: Hinter seinem Ansatz steckt CRM in Perfektion. Das Management der Kundenbeziehungen beamt geschäftliche und private Kunden in ein Schlaraffenland, in dem sie genau die Waren oder Dienstleistungen angeboten bekommen, die sie gern hätten, und zwar genau im richtigen Moment. Da schnappen Kunden zu – zwanghaft, wie Pawlowsche Hunde.

Unternehmen sind mehrheitlich keine Feinkostläden, aber sie haben ähnliche Interessen: Die Kundenbeziehungen sollen so gestaltet werden, dass der Kunde langfristig gebunden und zu mehr Konsum und zu noch mehr Konsum und zu viel mehr Konsum motiviert wird. Dieses Bestreben hatten Unternehmen natürlich immer schon. Vergleichsweise neu ist nur der Versuch, das Ziel mit der Unterstützung von Hard- und Software zu erreichen. Was als Computer Aided Selling (CAS) in den achtziger Jahren begann und ausschließlich die Vertriebsorganisation unterstützte, hat mittlerweile ein Upgrading erfahren und ist zu CRM mutiert. Das Ganze basiert auf Technologien und Tools wie Data Warehousing, Data Mining, Call Centern, Internet und E-Commerce. Mit der neuen Wunderwaffe beherrschen Unternehmen endlich die so genannte Kundenschnittstelle. Customer Relationship Management macht Manager und Kunden glücklich.

Konkret geht das so: Ein CRM-System speichert sämtliche kundenrelevanten Daten und stellt sie den Mitarbeitern in Marketing, Vertrieb und Service jederzeit und an jedem Ort – das Internet hat auch eine Niederlassung in Antibes – zur Verfügung. Darüber hinaus lassen sich mit CRM die Zufriedenheit und Loyalität des Kunden analysieren und jede Menge Programme entwickeln, die den Kunden an das Unternehmen binden. Der Fundus an Informationen erlaubt es, Kunden ein maßgeschneidertes Angebot zu machen. Die Ergebnisse sind verblüffend: Der Mieter im neunten Stock erhält auf einmal keine Werbebroschüren für Rasenmäher mehr, sondern Angebote über Balkonmarkisen (»Adäquat nur für Menschen auf den höheren Ebenen«). Anlageberater geben ihre Versuche auf, dem zwar wohlhabenden, aber konservativen älteren Bankkunden Anteile an einem Risiko-High-Tech-Fonds zu verkaufen. Stattdessen machen sie dem Senioren festverzinsliche Anlagen (Triple A!) schmackhaft: »Da haben die Enkel garantiert ein schönes Polster für die Ausbildung.« Der Kreditkartenabonnent registriert auf seinem Bankauszug nicht nur die schnöde Abbuchung von 800 Mark für das spontane Dessous-Präsent, sondern einen auffordernden Spruch dazu: »Négligés für die Nette lockt Schampus Dornröschen endgültig zu Bette.«

Das klingt doch wirklich ungemein verlockend. Für den Großvater, für den Vater, für den Sohn, für die Dornröschen GmbH und für das Kreditkartenunternehmen. Und darum ist die Sache für IT-Anbieter und Berater auch längst entschieden. Ihr Schlachtruf lautet unisono: Ohne CRM läuft in Zukunft gar nichts mehr, mit CRM dagegen brechen wunderbare Zeiten an. Zufällig sind Anbieter und Berater oft eng verbandelt. Na und? Honi soit qui mal y pense (Ein Schelm, wer Böses dabei denkt).

Selbstverständlich funktioniert der CRM-Markt nach denselben Regeln wie alle anderen Branchen. Natürlich wollen die Anbieter von CRM ihr Produkt verkaufen. Logo. Aber das ist schließlich völlig legal, ethisch okay, politisch korrekt und schadet auch der Ozonschicht nicht. Es macht auch Sinn, dass externe Berater den Implementierungsprozess begleiten: Ihre profunde Sachkenntnis steigert die Erfolgsaussichten enorm – Garantien gibt's natürlich nicht. Aber das hatten Sie vermutlich schon befürchtet.

Trends liegen im Trend

Anbieter schätzen trendige Produkte und Services. Wenn sich partout noch kein neuer Trend abzeichnet, muss eben einer kreiert werden. Das leuchtet ein. Ein bewährter Zaubertrank, der Abstinenzler im Nu in fröhliche Zecher verwandelt, sind Studien, die zu dem Ergebnis kommen, dass die wirklich progressiven Unternehmen den kommenden Trend schon längst erahnen, vielleicht schon aktiv geworden sind, in jedem Fall aber einen Wissensvorsprung haben. In solche Untersuchungen lassen sich locker selbstlose Appelle an die Zurückgebliebenen einbauen, vor dem Trend in spe bitte nicht die Augen zu verschließen. Denn das gereiche zum eigenen Schaden. Wenn die Botschaft genügend Entscheidungsträger bekehrt hat, bricht er aus, der Trend. Und das war schließlich der Sinn der Sache.

Beim Thema CRM bietet sich das Marketinginstrument »Studie« geradezu an. Und so ist es nicht erstaunlich, dass die Cap Gemini Gruppe, mit Unterstützung der International Data Corporation (IDC), ihre Interviewer losgeschickt hat, um mehr als tausend CEOs in den USA und Europa zum Thema CRM zu befragen. Mit folgendem Ergebnis: Etwa ein Drittel der Unternehmen setze CRM bereits um oder habe konkrete Planungen. (Planen kann man viel.) Das zweite Drittel sei sich der wachsenden Bedeutung von CRM immerhin bewusst. (Rein theoretisch könnten also Taten folgen.) Den Rest allerdings beißen die Hunde. Weil – das weiß CRM-Anbieter Cap Gemini Ernst & Young definitiv – die Nachzügler in spätestens zwei Jahren unter erheblichen Wettbewerbsdruck geraten. Nicht, weil ihre Produkte oder Services dann veraltet sind, sondern allein deswegen, weil sie kein CRM haben. Fairerweise behält die Cap-Gemini-Gruppe diese Erkenntnis nicht für sich, sondern lässt CRM-Ignoranten eine Warnung zukommen. Sie lautet: Wer seine Kunden nicht kennt, hat verloren im globalen Wettstreit! Ein für alle Mal.

Das ist eigentlich nichts Neues. Ziemlich innovativ ist freilich die dringende Empfehlung, als Heilwasser CRM zu applizieren. Der Beipackzettel verheißt Unwiderstehliches: Mit CRM steigt die Kundenprofitabilität, mit CRM katapultiert man den Umsatz nach oben. Ohne nicht.

... und was steckt dahinter?

Kosten, Mühen und das Prinzip Hoffnung.

Ein IT-Leiter oder CIO ist berufsbedingt anfällig für innovative Technologie. Wenn er beinahe täglich mit Informationen aus dem CRM-Lager überhäuft wird, wenn zudem der schärfste Wettbewerber dem Therapeutikum bereits verfallen ist, wird der Druck auf den IT-Profi übermächtig. Dann wird er der Versuchung nicht allzu lange widerstehen können, auf den Zug aufzuspringen. Er kann sich schließlich nicht vorwerfen lassen, die wichtigste Innovation seit der Erfindung des PC verschlafen zu haben. Wenn die Geschäftsführung nicht noch rechtzeitig die Bremse zieht, nimmt das Projekt »Einführung CRM« unweigerlich seinen Lauf. An Anbietern herrscht wahrlich kein Mangel.

Allerdings endet die Fahrt oft genug in bitterer Enttäuschung. Außer Spesen nichts gewesen. Hinter vorgehaltener Hand gestehen Insider, dass die meisten CRM-Projekte scheitern. Aus zwei Gründen: weil CRM als reine Technologie missverstanden wird, und weil die Erwartungen respektive die Versprechungen zu hoch sind.

Wer CRM in die IT-Ecke verbannt, überschätzt die Power der Programme und unterschätzt den menschlichen Faktor. Perfekte Software allein garantiert keinen Erfolg. Die schönste CRM-Strategie bringt nichts, wenn die Mitarbeiter nicht mitziehen. Daher muss vor dem Kaufauftrag zuerst ein Umdenkungsprozess im Management einsetzen. Anwender müssen motiviert dazu sein, alle Möglichkeiten des neuen Systems auch zu nutzen. Der Außendienst muss lernen, Daten aktuell und korrekt zu erfassen. Das Marketing muss in der Lage sein, aus der Datenflut strategische Maßnahmen zur Marktbearbeitung zu entwickeln. CRM bedeutet letztlich: Alle Geschäftsprozesse müssen überdacht werden. Auch das obere Management steht vor neuen Herausforderungen, höchstpersönlich. Es muss die Fülle der Informationen bei seinem Agieren berücksichtigen, darf sich Entscheidungen aber keinesfalls von Zahlen diktieren lassen.

Auch bei CRM ist Führungsstärke und Management-Kompetenz angesagt. Sorry!

Ein CRM-System ersetzt keine Kundenstrukturanalyse und schafft nicht automatisch ein funktionierendes Beschwerdenmanagement. CRM schützt nicht davor, dass Mitarbeiter übergangen, Zugriffe gesperrt oder an die Falschen vergeben werden. Auch CRM kann nicht verhindern, dass Sachbearbeiter keinen Kundenkontakt haben *wollen*. Weil sie den Müller einfach nicht mögen!

Ein CRM-System, das seinen Namen wirklich verdient, muss die drei Bereiche Vertrieb, Marketing und Service integrieren. Das genau aber ist in vielen Unternehmen ein Problem. Da gibt es tiefe Gräben zwischen den einzelnen Bereichen: Der Service hat eine andere Strategie als der Vertrieb, die Entwicklung weiß von Haus aus alles besser, und die Marketingabteilung macht sowieso ihr eigenes Ding. Von gemeinsamer Kundenansprache kann keine Rede sein. Während es bei einem Back-Office-System genügt, die Geschäftsprozesse nach dem Softwarepaket auszurichten, müssen die Unternehmen bei CRM ihre Business-Prozesse an den Kunden anpassen. Jeder einzelne Vorgang muss dem Primat Kundenorientierung folgen.

»Auch bei Müller?!«

Hinzu kommt: Die technologischen Voraussetzungen sind in den meisten Unternehmen alles andere als ideal. Es existieren voneinander unabhängige Software-Systeme (wie ERP, Supply Chain Management) und Analyse-Tools (beispielsweise ein Data Warehouse), die nur im Rahmen einzelner Projekte über häufig instabile Schnittstellen vernetzt werden. Solche Insellösungen aber können genau das nicht bewirken, wonach die Unternehmen suchen: ein Ausschöpfen aller erhältlichen Informationen mit dem Ziel, die Kundenbeziehungen zu optimieren.

Kunden wollen nicht nur freundlich behandelt werden, sie wollen Leistungen sehen. Es nutzt ihnen nichts, wenn das Unternehmen ein CRM-System hat, aber die Ware, die sie bestellt haben, nicht geliefert wird. Euphorie für IT-Lösungen blockiert die Tatsache, dass auch sie ohne persönliches Engagement nicht funktionieren.

Wir steigern das Bruttosozialprodukt

Bewiesen ist die Kausalität zwischen CRM-Einsatz und Umsatzsteigerung der Anwender bisher mitnichten. Belegbar sind allein die Umsatzsteigerungen der CRM-Anbieter. Zu ihren A-Kunden gehören zurzeit vor allem Direktbanken, Energieversorger und Telekommuniktionsunternehmen. Diese Klientel findet CRM sehr nützlich, weil sie große Datenmengen in den Griff bekommen will.

Was sie dann letztendlich mit den Daten anstellt, wird sich zeigen.

Wer ernsthaft behauptet, dass durch CRM die Effizienz des Außendienstes um einen bestimmten Prozentsatz zunimmt (die Zahl 15 schwirrt im Raum), muss über seherische Fähigkeiten verfügen. Wie will man den Schaden beziffern, der dadurch entsteht, dass es der Mitarbeiter im Kundendienst unterlässt, den Vertrieb und/oder die Entwicklungsabteilung seines Arbeitgebers darauf hinzuweisen, dass Kunde Walterscheidt mit seiner Telefonanlage nicht zufrieden ist? Investiert der Kunde etwa spontan 80 000 Euro, nur weil er in der nächsten Mail ein Lock-Angebot eines anderen Telefonanlagenbauers findet? Falls er tatsächlich eine neue Anlage erwerben oder mieten will, bleibt er dann just bei dem Anbieter, über dessen Produkt sich alle im Hause jeden Tag aufregen? Was bringt es einem Unternehmen in Euro und Cent, wenn es dank CRM ein Angebot einen Tag schneller herausschicken kann als ohne IT-gestützte Kundenpflege?

Das Produkt CRM selbst ist ein Bilderbuchbeispiel für erfolgreiches Customer Relationship Management. Es ist genau das, worauf viele Unternehmen schon immer gewartet haben. Sie wussten es nur nicht. Doch dann kamen die CRM-Anbieter, weckten ein neues Bedürfnis und boten die Lösung gleich mit an. Für dauerhafte Kundenbindung ist also gesorgt. Alles andere als perfektes CRM verbietet sich schließlich für Profis in eigener Sache.

24 Ein Kessel Buntes oder: Das Beste zum Schluss

Label und Herkunft:
Diverse von Diversen

Wie wir nun alle wissen, birgt jedes Managementkonzept, ob neu, aufgewärmt oder nur umbenannt, die Chance auf mehr oder weniger viel Geld. Da nimmt es nicht wunder, wenn ab und zu exotische Ansätze auftauchen, die in der Regel aber dann wieder schnell vom Tisch sind. Sie spielen selten Umsatzmillionen ein, was aber auch nicht weiter schlimm ist, hat doch ihre Ausarbeitung kaum Geld gekostet. In der Vielzahl der in den letzten Jahrzehnten ersonnenen Managementweisheiten finden sich vernünftig klingende Konzepte, die mangels Marketing nur wenig Beachtung finden, ebenso wie offensichtlich esoterischer Schabernack und staubtrockene Verwaltungsfunktionen, die mit dem Zusatz … -Management allenfalls sprachlich ein wenig schillernder daherkommen. Kurz: Es gibt schlichtweg alles.

Da von der Flugangst bis zum atomaren Super-GAU anscheinend alles zu managen ist, stürzen sich jeden Tag neue Propheten mit neuen Ideen und Ideechen auf den Markt. Besonders produktiv sind amerikanische Ökonomen, denn sie werden mit dem Gebot »publish or perish!« von der wissenschaftlichen Gemeinschaft gezwungen, permanent neue Einfälle zu haben und diese in gedruckter Form zu veröffentlichen. Und das tun sie auch gerne und oft.

Jeder Versuch, hier den Überblick zu behalten, scheitert mit absoluter Sicherheit. Einige dieser Exoten wollen wir ohne Anspruch auf nur annähernde Vollständigkeit und in zufälliger Reihenfolge vorstellen. Und zwar genau in der Kürze, die sie verdienen.

Wie motiviert man einen Computer?

In aller Munde und weitgehend uninteressant ist das »IT-Management«. Ausgesprochen wird es »Eiti«, und ausgeschrieben steht es für Informationstechnologie. Jedes Unternehmen hat heute eine »informationstechnologische Infrastruktur« und um die muss sich irgendwer kümmern. Vorzugsweise sind das ehemalige EDV-Leiter, die heute natürlich IT-Manager heißen. Dann gab es früher auch noch den Operator. Das ist derjenige, der auf den roten Knopf drückt, sobald dieser blinkt, und sich dann wieder hinsetzt. Diese Spezies gibt es auch heute noch, allerdings ist sie minder erfolgsentscheidend und damit im Rahmen der komplexen Aufgabenstellungen des IT-Managements zu vernachlässigen.

Es gibt unzählige freie IT-Berater, die gerne Tipps zum IT-Management verkaufen oder es gleich selbst übernehmen. Weil immer mehr Computer in den Büros herumstehen, wenden sich zunehmend auch die klassischen Unternehmensberater diesem Spezialgebiet zu.

Das »Dialogmanagement« bezeichnet tatsächlich das Management des Dialogs. Wer es erfunden hat, ist nicht überliefert. Es gibt aber bereits eine Marktbefragung dazu. Inhaltlich verwandt ist das Dialogmanagement mit dem Management by walking around (siehe Kapitel 7): Auch dieser Ansatz propagiert das Schwätzchen, diesmal aber zwischen dem Unternehmen und seinen Kritikern. So sollten, beispielsweise, Katzenpathologen aus der pharmazeutischen Industrie mit autonomen Tierschützern am runden Tisch besprechen, was Sache ist. Die Pathologen ziehen aus der Plauderei gewiss wertvolle Hinweise zur weiteren Unternehmensstrategie. In der *Wirtschaftswoche* wurde ein Forscher des Instituts für Markt, Umwelt, Gesellschaft (IMUG) zitiert, der beteuerte, dass explosiv besetzte Debattierkreise nur bei »professionellem Dialogmanagement« Erfolge zeitigen würden. Dem ist nun wirklich nichts hinzuzufügen.

Wissen ist bekanntlich Macht, und das »Knowledge Management« soll dazu beitragen, dass die Macht im ganzen Unternehmen verteilt wird. Bei diesem zwei, drei Jahre lang heftig diskutierten, seit Ende 2000 eher dahindümpelnden Beratungsprodukt geht es nur vordergründig um das Sammeln allen Wissens im Betrieb – damit Maier-Schachtschnabel, wenn er denn die Firma verlässt, nicht gleich die ganze Kundenkenntnis mitnimmt und wir wieder von vorne anfangen können. In Wahrheit steckt dahinter eine raffinierte Attacke der IT-Consultants, komplexe Data-Mining- und Data-Warehouse-Konzepte an den Mann zu bringen. Dann wissen wenigstens die Computer, wo das Wissen liegt, und die kündigen nicht, wollen nicht an die Macht und reden nicht dazwischen.

Die Beratungsgesellschaft Roland Berger & Partner wollte willigen Kunden gerne bei einem anderen Dialog behilflich sein, nämlich dem mit der Öffentlichkeit. »Reputation Management« nannte sich das jetzt ganz aktuell, dynamisch und sehr englisch. Public Relations oder schlicht Öffentlichkeitsarbeit nannten es nur Rückständige. Über diese bekannte Aufgabe ging das Reputation Management natürlich weit hinaus. Schon frühzeitig sollten Unternehmen demnach die Reaktionen der Gesellschaft auf Entscheidungen aller Art bedenken. Im Extremfall, so Roland Berger, müssten sogar ganze Geschäftsbereiche aufgegeben werden, wenn sie dem Ruf des Betreibers schaden könnten. Heckler & Koch (Feuerwaffen), Krauss-Maffai (Panzer), ABB (Kernkraftwerke), Bundesfinanzministerium (Steuererhöhungen) – wenn's denn der Reputation dienlich ist, machen die einfach dicht. Gell?

Kartenspiele

An die Arbeitslosigkeit haben die Amerikaner Kaplan und Norton dagegen sehr wohl gedacht, als sie vor einem Vierteljahrhundert ihre Balanced Scorecard erfanden – an die eigene nämlich. Als publizierende Wirtschaftswissenschaftler beobachteten die beiden jahrelang mit stillem Grausen, was die CEOs und Directors und Head of … weltweit mit ihrem von den Aktionären geborgten Kapital anstellten. »Ja, wofür schreiben wir uns denn eigentlich die Finger wund und bringen jedes Jahr ein neues, dickes Strategiebuch auf den Markt, wenn die Jungs das offensichtlich doch nicht lesen?«, raufte sich Kaplan vermutlich eines Tages genervt die Haare, »und wie sollen wir bloß von diesen Autorenhonoraren leben können?«

Vielleicht sprach's auch Norton, auf jeden Fall kamen die beiden auf den glänzenden Einfall, den Inhalt dickleibiger Managementbücher auf ein kleines

(4 mal 5 cm), leichtes (zwei Gramm) und mit nur wenigen Worten und Ziffern bedrucktes Kärtchen zu reduzieren, etwa wie die Ereigniskarten beim Monopoly. Seither treibt diese Erfindung jede angetraute Hausbesorgerin eines Managers mit Ergebnisverantwortung zur Weißglut, weil sie regelmäßig vor jedem Reinigungsvorgang die Sakkotaschen ihres Liebsten auf die Pappkameraden durchforsten muss. Ohne die Scorecard ist nämlich der gute Gatte geschäftlich aufgeschmissen, stehen da doch in jeder Ecke die präzisen Zielwerte – zum Beispiel hinsichtlich Kundenzufriedenheit, Shareholder Value, Marktanteil und Ergebnis –, die er in der laufenden Periode zu erreichen hat.

Weil die Erfinder und ihre deutschen Lizenznehmer Professor Dr. Péter Horváth & Partner (Unternehmensberater, hüstel) aus Erfahrung wissen, dass sich Manager kaum mehr als vier Dinge gleichzeitig merken können (wie etwa Kreuz, Pik, Herz und Karo), betrachtet die Balanced Scorecard das Unternehmen aus den vier Perspektiven Finanzen, Kunden, Prozesse und Potenziale. (Mitarbeiter fallen sowohl unter Potenzial als auch unter Finanzen und kürzen sich damit weg.) In jedem dieser strategischen Bereiche müssten Manager etwas tun, das wurden Kaplan und Norton schon nicht müde, in ihren Büchern zu betonen. Aber wer liest schon Bücher? Auf der Balanced Scorecard stehen die Jahressollwerte in den Ecken der Kärtchen, und die können bei Erreichen einfach umgeknickt werden.

Gewonnen hat, wer am Ende des Jahres die meisten Eselsohren vorzeigen kann.

Die Platzhalter-Theorie

»Die X-und-Y-Theorie« stammt von Douglas McGregor, einem Amerikaner. McGregor erkannte, dass Mitarbeiter wichtig sind und die Kenntnis ihrer Einstellung zur Arbeit für Führungskräfte von Bedeutung ist. Er unterscheidet bei den Mitarbeitern X- und Y-Typen. Der X-Typ ist eher arbeitsscheu und muss angetrieben werden, den Y-Typ kennzeichnen Verantwortungsbereitschaft und Kreativität. Laut McGregors Überlegungen sollten Führungskräfte ein positives Mitarbeiterbild haben, also von einer hinreichenden Existenz des Y-Typs in ihrem Unternehmen ausgehen, weil nur dann deren Leistungsbereitschaft richtig ausgeschöpft werden könne. Wer hingegen in jedem Belegschaftsmitglied ein faules X vermutet, demotiviert die fleißigen Ys. Da kann man nur hoffen, dass niemand der armen Führungskraft ein X für ein Y vormacht. Sonst heißt es am Ende noch »XY ungelöst«.

Beim »Fuhrparkmanagement« geht es um die sinnvolle Verwaltung einer betrieblich eingesetzten Flotte von Fahrzeugen. Das können Fahrräder sein (innerstädtischer Kurierdienst) oder …

»Facility Management« verwaltet ebenso sinnvoll, fokussiert sich aber auf Gebäude, Aufzuganlagen, Zentralheizungen und dergleichen. Facility Manager nannte man früher Hausmeister, und ihre Arbeitgeber hießen Hausverwaltungen. Facility Consultants werden in der öffentlichen Diskussion sträflich vernachlässigt. Das könnte sich ändern, denn in jüngerer Vergangenheit wurde Facility Management auch noch in weiter gefassten Zusammenhängen genannt. Vielleicht übersetzt man Facility am besten mit »Ding«.

… und dann gibt's noch Kulturmanagement

Über fehlende Beachtung konnte sich das »Kulturmanagement« nun überhaupt nicht beklagen. Jedenfalls am Anfang. Seine Erfindung, natürlich in den Vereinigten Staaten, schlug auch in Deutschland einige Wellen. Sie haben sich mittlerweile an den Gestaden eigens dafür eingerichteter Lehrstühle verlaufen. Kulturmanager sind ebenso Kaufleute wie Kenner feiner Lebensart, die Betonung liegt allerdings klar auf der betriebwirtschaftlichen Seite. Beim Kulturmanagement geht es um das Management und die Vermarktung von kulturellen Betrieben jeder Ausprägung: Opernhäuser und Kleinkunstbühnen, Musikfestivals und Kunstgalerien, freiberufliche Zauberer und naturwissenschaftliche Museen. Die Absolventen der Studiengänge in Hamburg, Weimar, Lüneburg, Witten-Herdecke und sonst wo stehen größtenteils in Lohn und Brot, sind aber bislang nicht weiter aufgefallen. Ein ebenso prominenter wie für den Beruf von Natur aus begabter Kulturmanager ist dagegen Justus Frantz, Spezialist in der medienwirksamen Aufbereitung klassischer Musik. Dessen Sinn für Marketing übersteigt seine pianistischen Gaben um einiges.

Die »Energo-Kybernetische Strategie«, kurz EKS, haben wir auch nicht begriffen. Deshalb zitieren wir den offensichtlich kompetenteren Kollegen Richard Kerler (»Kennen Sie Herzberg?«). Dort heißt es zu der von Wolfgang Mewes in einer schwachen Stunde erdachten Managementmethodik: »Sie kann als ein Minimumgesetz bezeichnet werden, das eine starke Fokussierung beinhaltet. Mit Hilfe dieser Strategie sollen sich anbahnende Probleme und Mängel rechtzeitig erkannt und gelöst werden. Dabei geht es darum, die Probleme zu analysieren und ein Optimum an Kräften auf die Lösung zu konzentrieren.« Kerler widmet der EKS gottlob nur noch wenige ergänzende Sätze, aus denen der Sinn der Sache freilich nicht klarer wird.

Das Ziel weist den Weg (?!)

Auch bei der »Großmann-Methode« bemühen wir Herrn Kerler, weil er die Dinge so fokussiert auf den Punkt bringt. Wir lernen, dass der Vater von Herrn Dr. Gustav Großmann ein Gutsherr aus Ostpreußen war. Das nach dem vor fast 25 Jahren verblichenen Sprössling benannte Verfahren erinnert an einen Leitfaden für Bahnreisende, so es denn einen solchen gibt. Kern der Botschaft laut Kerler: »Damit folgen sie dem Prinzip, dass nur derjenige, der das Ziel kennt, Tempo und Richtung bestimmen kann, um nach mehreren Zwischenstationen dort dann zum optimalen Zeitpunkt anzukommen.« Es handelt sich um ein Konzept persönlicher Zielsetzungen, die dann Freude bereiten, wenn man sie erreicht.

Das segensreiche Wirken des »Bauschuttmanagements« sei hier nur der guten Ordnung halber erwähnt. Es hat nichts mit Herrn Kerler zu tun. Eine Fachzeitschrift für die Belange kommunaler Verwaltungen verstieg sich zu diesem verbalen Ungetüm. Bauschutt ist mitunter vorhanden und muss irgendwie an einen Ort gebracht werden, wo er sachgemäß be- oder verhandelt, ver- oder entsorgt wird. Nun aber los!

Die Stimme des Volkes

In Ordnung, werden wir wieder ernsthaft. Brandneu, wirklich bedenkenswert und aus den Vereinigten Staaten schwappte Ende 1999 ein Konzept über den Teich, das auf den Namen »JAM-Session« hört. JAM steht dabei für »Japanese-American-Management«. Erdacht und propagiert wurde das Konzept von der in Houston/Texas beheimateten Beratungsgruppe Dearborn & Bachmann (DB), die sich auf die Computerbranche spezialisiert hat. Die DB-Berater stellten fest, dass bei international besetzten Meetings neben vielen Detailproblemen, verursacht durch die simultane Übersetzung, sehr oft unkonventionelle und überaus interessante Ideen geboren wurden. DB führte das auf die höchst heterogene Zusammensetzung der Diskussionsrunden zurück und entwickelte aus der Erkenntnis ein Konzept.

Da Amerikaner und Japaner für eine texanische Beratung anscheinend die GDD (Größte Denkbare Diskrepanz) darstellen, nannten sie ihren Ansatz der Zusammenstellung von Teams aus extrem unterschiedlichen Menschen JAM-Session. Vielleicht liegt der Grund auch in der Jazz-Begeisterung der beiden Inhaber. Unterschiedliche Nationalitäten befanden die Berater als nicht ausreichend heterogen. Sie erkannten, dass es innerhalb der amerikanischen Gesellschaft noch viel größere Gegensätze gibt als die zwischen einem US-Technologen und seinem Kollegen aus Japan, Deutschland oder Australien. Nein, wer da in die Diskussionsrunde hineinkommen sollte, durfte überhaupt nichts vom Thema verstehen. So lautete die Bedingung. Außerdem kommen einheimische Ressourcen eindeutig billiger.

Im Ergebnis liegen JAM-Sessions nicht sehr weit von dem entfernt, was Tom Peters als nützliches Chaos empfiehlt. Denn Dearborn & Bachmann konfrontieren in Projektteams mit klar umrissenen Aufgabenstellungen Manager des Unternehmens mit neuen »Teamkollegen«, die bestenfalls als unkonventionell durchgehen. In der amerikanischen Fachpresse wurde von einem Projekt berichtet, in dem es um zukünftige Anforderungen an tragbare Computer ging. Die DB-Leute stellten den gestandenen Experten die angejahrte Inhaberin eines Zeitungskiosks, einen arbeitslosen Lagerarbeiter und einen Krankenpfleger aus Puerto Rico an die Seite. Alle drei sollten gegen ein ordentliches Honorar etwas zum Thema beitragen, nachdem sie in Vorgesprächen ihre völlige Ahnungslosigkeit unter Beweis gestellt hatten.

Denn sie wissen nicht, was sie tun

Die Amateure erzählten also, was ein tragbarer Computer alles können sollte. Die Profis notierten eifrig mit. Natürlich kamen auch Ideen auf den Tisch, die nicht weiter verfolgt wurden. Anderes war aber durchaus originell und wäre den Experten von allein bestimmt niemals eingefallen.

Wenn schon eine Runde aus Technikexperten und ahnungslosen Laien brauchbare Ergebnisse entwickelt, dann sollte eine Runde aus ganz wichtigen Leuten und wirtschaftlich gestrauchelten Existenzen erst recht zum Unternehmenserfolg beitragen können. Das jedenfalls dachten sich die Berater und brachten Chief Executive Officers, Chairmen und Stakeholder (siehe Kapitel 18) mit echten Underdogs zusammen. Mit denen sollten die Bosse über effizientes Management, die Zusammensetzung des Wertportfolios und das Rigor-Relevanz-Dilemma diskutieren. Die Moderation oblag den Consultants.

Dies ging einigen Wohlfahrtsverbänden und kirchlichen Würdenträgern denn doch zu weit. Sie verurteilten die Idee als blanken Zynismus. Die Aufregung legte sich rasch, nachdem einige DB-Klienten zusagten, ihre externen Probanden in geregelte Arbeitsverhältnisse zu übernehmen. Seitdem gehören Vorstandsbesucher, die am Empfang nach Waffen durchsucht werden, fast schon zum Alltag bei Compaq und Konsorten.

Es lebe der Einfallsreichtum

An der Idee der texanischen Unternehmensberatung sind über die geschilderten Erfolge hinaus zwei weitere Aspekte bemerkenswert. Die Berater setzen ihr Konzept, und das ist wirklich selten, auch im eigenen Haus um. Zusammen mit Menschen bar jeglichen Consultingwissens denken sie über die Zukunft ihrer Zunft nach und entwickeln neue, wahrscheinlich außerordentlich marktgängige Geschäftsideen.

Der zweite Clou an Dearborn & Bachmann und ihren JAM-Sessions liegt darin, dass es beide nicht gibt. Sie wurden von den Autoren dieses Buches frei erfunden. Wir versichern hoch und heilig: Zum Zeitpunkt der Manuskriptabgabe gab es keine JAM-Sessions der beschriebenen Art. Vielleicht brütet gerade ein Berater über einer ähnlichen Idee, wir wissen es nicht.

Wir hoffen es aber inständig. Denn mehr Sinn als manche in diesem Buch beschriebene und teuer zu bezahlende Seifenblase machen unsere JAM-Sessions allemal.

Wir werden uns unverzüglich um ein Copyright bemühen.

Register